ダニエル・コーエン【著】
林 昌宏【訳】

迷走する資本主義

ポスト産業社会についての
3つのレッスン

Trois Leçons sur la société post-industrielle

新泉社

迷走する資本主義——ポスト産業社会についての3つのレッスン◉目次

レッスン❸ 新たな社会モデルの模索 97

終章◉社会の自由主義化

❖装幀——髙橋優子（Atelier Nadja）

- (＊)は原註，(▼)は訳註である．
- 〔　〕は訳者および編集サイドによる補足である．
- (　)は原文における補足括弧をそのまま反映したが，訳出にあたって原文表記や固有名詞の略称等を併記した箇所においても使用している．
- 原書中の« »は「　」とした．
- 〈　〉は訳者および編集サイドによる強調である．
- 章と節の見出しタイトルについては原書を尊重したが，日本の読者の利便を考慮して字句の追加や変更をおこなったものもある．なお，見出しの副題は原書にはなく，すべて追加したものである．
- 訳註は訳者と編集部の共同作業によって作成した．訳註作成にあたっては，主に次の文献資料を参照した．

  新村出編『広辞苑』(岩波書店)，廣松渉他編『哲学・思想事典』(岩波書店)，見田宗介他編『社会学事典』(弘文堂)，大阪市立大学経済研究所編『経済学辞典』(岩波書店)，金森久雄他編『経済辞典』(有斐閣)，日本経済新聞社編『経済新語辞典』(日本経済新聞出版社)，中橋國藏他編『経営戦略・組織辞典』(東京経済情報出版)，ドゥロネ＆ギャドレ『サービス経済学説史』渡辺雅男訳 (桜井書店)．以上のほか，訳註項目に関連する邦訳書．また，「Wikipedia」(fr, en, ja) をはじめ，訳註項目に関連する仏語，英語，日本語圏のウェブサイトも適宜参照した．

迷走する資本主義

ポスト産業社会についての３つのレッスン

序章 ポスト産業社会とは何か

Introduction

◆ 社会的連帯の終焉——産業社会の〈破壊〉

マルクス(▼1)によれば、歴史は過程を経て進行してきたが、資本主義は歴史の一つの段階にすぎないという。資本主義自体にも歴史の変遷があり、資本主義は一九世紀同様、二〇世紀においても〔自らの実像を〕体現することができず、過去の資本主義が現在の資本主義と同じものではないことが明らかとなっている。

二〇世紀の資本主義は、重厚長大産業の周辺で確立された。重厚長大産業は、その構成員たちの間に、デュルケーム(▼2)であれば〈機械的連帯〉と呼ぶであろう社会的連帯感をつくり上げた。技術者は単純労働者の生産能力を向上させる方法を考えてきた。会社の経営陣自身もサラリーマンであり、会社の経営陣の目的は部下の目的と一致していた。すなわち、それは景気変動のリスクから企業を守ることである。そこで巨大企業複合体が構成され、リスクは削減されてきた。こうして、たとえて言うならば、突発的な気候の変動に対処するために、水着を製造する会社は傘《かさ》を製造する会社を傘下に入れ、そこで働く従業員の職は天候にか

▼1　カール・マルクス（Karl Marx, 1818–1883）
二〇世紀の社会主義・共産主義運動に多大な影響を与えたドイツの経済学者、思想家、ジャーナリスト。「弁証法的唯物論」あるいは「史的唯物論」の提唱者として、共産主義思想家の間で広く語られてきたが、マルクス自身はそのような言葉を一度も使ってはいない（田畑稔『マルクスと哲学——方法としてのマルクス再読』新泉社、二〇〇四年、一七七頁）。主著『共産党宣言』『資本論』『ドイチェ・イデオロギー』『ユダヤ人問題によせて』ほか。

▼2　エミール・デュルケーム（Emile Durkheim, 1858–1917）
フランスの社会学者。社会学の方法の確立に努めた、近代社会学の始祖の一人。主著『社会分業論』『社会学的方法の規準』『自殺論』『宗教生活の原初形態』ほか。原註＊6参照。

かわらず確保されてきた。封建社会のイメージに似せて、二〇世紀の〈産業社会〉(▼3・4)は生産の方法と防衛の方法をつなぎ合わせてきた。すなわち、産業社会は〈経済問題と社会問題の結合〉を決定づけてきたのである。

　二一世紀の資本主義は、この〔二〇世紀の〕産業社会の科学的な〈破壊〉を組織することで成り立っている。巨大産業を担う企業のあらゆる段階〔部門〕は、すべて分離された。必ずしも必要でないとみなされた作業は、下請け業者に外注されることになった。技術者を独立した研究機関に結集させたことで、技術者は労働者と顔を合わせる機会がまったくなくなった。社内の清掃、給食配膳、警備といった役割は、それぞれ専門の企業の社員が受けもつことになった。

　一九八〇年代の金融革命(▼5)は企業構造の原則を変革し、株主は同一企業が水着と傘を同時に製造する必要性を感じなくなった。なぜならば、株主は他の〔企業の〕株を所有することでリスクを分散できるからである。一方、従業員にとっては根底を揺るがされるコペルニクス的大転換となった。というのは、いまや、リスクを負担するのは従業員で、株主は保護されることになったからである。これは、産業を担う企業の中核

▼3　産業（仏 industrie）
英語の industry のもともとの意味は「勤勉」「勤労」であるが、アダム・スミス(▼10)の時代から、「勤勉が向けられる分野」としての「産業」の意味をもつようになる。「工業」の訳語をあてる場合もあるが、これは産業革命以降の製造業の展開を反映したものである（安喜博彦『産業経済論――寡占経済と産業展開』新泉社、二〇〇七年、一五頁）。本書においては、文脈に合わせて「産業」と「工業」とに訳し分けた。

▼4　産業社会
（仏 la société industrielle）
工業が社会の諸産業部門のなかで優越的な比重を占めている社会を指す。産業革命による工業化によって出現したものであり、それ以前の「農業社会」と対比的に用いられた。

▼5　金融革命（金融制度改革）
→▼レッスン1-29

に組み込まれていた〈社会的連帯〉の終焉を意味する。

◆サービス社会——第三次産業化された世界

こうした変化の特徴を明らかにするために、〈ポスト産業社会〉(▼6)について語るのは片手落ちである。というのは、変化した後ではなく、変化する前の世界によって現在の世界を語ることになるからである。現在の変化を直接的に説明するためには、いくつかの方法が考えられる。

まず、第一次産業・第二次産業・第三次産業といった分類に沿って〈サービス社会〉への移行を語る方法である。一九四九年、ジャン・フーラスティエ(▼7)は、『二〇世紀の大いなる期待』のなかで、〈人類は、農業社会における農作業や工業社会における物質的作業から、ついに解放されることになるであろう〉とする、〈新たな世界〉の到来を告げた(＊1)。サービス社会の到来とともに、人が働く対象は人自身となった。理容師や医師のように、労働者は人との直接的コンタクトを復活させた。アングロサクソン系の経済学者は、フーラスティエのアイデアに対して「フェイス・トゥ・フェイス（またはF2F）」という、ぴったりな用語を

▼6　ポスト産業社会
（仏 la société post-industrielle）英語の post-industrial society の訳語としては、一般的には「脱工業(化)社会」が最も多く用いられている。論者によってその定義に開きはあるが、工業化を経た産業社会の後に出現する新しいタイプの社会、すなわち第三次産業（サービス、情報等）の占める比重が高まった社会のこと。一般的な用法では、とりわけヨーロッパの先進資本主義国において産業空洞化（deindustrialization, hollowing out of industry）が進んだ一九六〇—七〇年代以降の社会を指す。本書原著者は、「脱工業(化)社会」内部において進行した新たな事態を見据え、二一世紀初頭の現実に立脚して論を展開していることを踏まえて、本訳書では「ポスト産業社会」と訳出した。

作り上げた。すなわち、これは生産者とその顧客との間に直接的関係が要求される職業である。

ジャン・フーラスティエの著作が出版されて以来、かなりの年月が経った。計算上の観点から厳密にみると、一世紀ほど前に雇用が農業部門から工業部門に移動したように、雇用が工業部門からサービス部門に移動したことに疑いの余地はない。二〇〇五年一〇月、イギリスの週刊誌「エコノミスト」は、米国の工業部門の雇用割合は一〇パーセント以下に落ち込んだという記事を掲載した。この週刊誌はパラドックスを見つけてはそれを拡大解釈する傾向にあるが、その記事においては、一〇パーセントという比較的低い数値は現実を過大評価したものである、と付け加えてあった。確かに、工業部門において、企画〔コンセプト開発〕やマーケティングの仕事の割合は増大しつつある。つまり、〈工業部門自体が第三次産業化している〉のである。自らの手で、あるいはロボットの助けを借りて「工業製品」を製造する厳密な意味での労働者の数は、発表された数値の半分以下であろう。よって、そのうち労働者の数は農民の数と変わらなくなる……。

ここで誤解を取り払わなければならない。第三次産業化された経済は、

▼7　ジャン・フーラスティエ（Jean Fourastié, 1907–1990）フランスの経済学者。イギリス人経済学者コーリン・クラーク（1905–1989）らと並び、産業の三部門分割法（第一次・第二次・第三次産業）の定義を確立した人物。先進資本主義国における第二次大戦後から第一次石油ショックまでの時代を「黄金の三〇年間」と表現した。原註＊1のほかに邦訳書『明日の歴史』長塚隆二訳（白水社、一九六〇年）、『なんのために働くか』寿里茂訳（白水社、一九六〇年）など。

＊1　Jean Fourastié, *Le Grand Espoir du XXe siècle*, Paris, PUF, 1949.（ジャン・フーラスティエ『技術進歩と経済発展――二〇世紀の大希望』酒井一夫訳、日本評論社、一九六八年）

物質的な世界を「お払い箱」にしたのではない。確かに、製造コストは下がり、価格に占める生産コストの割合は減少しているが、「量」は以前と同じペースで拡大し続けている。物質（objets）は依然として場所ふさぎなものであり、移動させ、修理し続ける必要がある。いずれにせよ、物質にともなう肉体労働の厳しさから解放されるであろうという〈大いなる夢〉は、期待はずれに終わったのである。実際に、肉体的苦痛を訴え、重い物質を移動させることに不平を述べる従業員の数は一貫して増え続けている（＊2）。

第三次産業化された世界では、工場で働く労働者は少数派である。今後、労働者は商品配送係、または修理人となる。大部分の場合、彼らは工業部門というよりも手工業的環境のなかで作業している。従業員というカテゴリーも同様に大きく変化している。二〇年ほど前までは、従業員の大部分は企業ないし公共部門の管理職であった。現在では、彼らの大半は商業部門ないし個人に対するサービス部門で働いている。従業員にとっては雇用主自身よりも顧客こそが中心的存在であり、しばしば顧客が自分たちに命令を発しているとさえ感じている（＊3）。

＊2　Philippe Askenazy, *Les Désordres du travail*, Paris, La République des idées/Seuil, 2004.

＊3　Éric Maurin, *L'Égalité des possibles*, Paris, La République des idées/Seuil, 2002.

◆情報化社会――「ニュー・エコノミー」

前項で述べた職業の厳密な定義づけによる方法によっても、産業社会からの脱却は十分に分析できない。バクテリアの研究者やマイクロプロセッサーの効率を向上させる研究者は、ポスト産業社会において対等の存在である。これらの職業は、部分的にダニエル・ベル(▼8)による定義にもあるように(＊4)、〈知識社会〉としてのポスト産業社会を示している。今日では、これはむしろ〈情報化社会〉と言えるであろう。では、これをどのように特徴づければよいのであろうか。

一九九〇年代に浮上した用語のなかで、この情報化社会の争点を明らかにするものに「ニュー・エコノミー」(▼9)という用語がある。これは過去にアダム・スミス(▼10)やカール・マルクスが分析した従来の経済のパラダイムに根源的な修正を図る概念である。アダム・スミスは、ヨーロッパ鹿を狩猟するために、ビーバーを狩猟するのにかかった時間よりも二倍の時間が必要だとすれば、ヨーロッパ鹿の価格は必然的に平均してビーバーの価格の二倍になると説明した。ところが、「ニュー・エコ

▼8　ダニエル・ベル (Daniel Bell, 1919–)
米国の社会学者、ハーバード大学名誉教授。一九六〇年の著作『イデオロギーの終焉』(岡田直之訳、東京創元新社、一九六九年)において、先進資本主義国で「豊かな社会」が到来したことにより、マルクス主義的立場からの階級闘争を通じた社会変革思想はその効力を失ったと論じた。一九七三年の著作である『脱工業社会の到来』(＊4)によって、「脱工業(化)社会論」の概念提起をした代表的論者として知られる。

＊4　Danirl Bell, *The Coming of the Post-Industrial Society*, New York, Harper, 1973.
(ダニエル・ベル『脱工業社会の到来――社会予測の一つの試み』内田忠夫他訳、ダイヤモンド社、一九七五年)

ノミー」は、この概略とは完全に相反する価格構造によって特徴づけられている。すなわち、ソフトウェアの場合では、開発にコストはかかるが、製造コストは安いのである。「ニュー・エコノミー」では、製造される財の最初の単位は高くつくが、二番目、さらにその後の製造コストは安くなる。さらに、ある生産量にまで達すると、製造コストは実際にゼロに等しくなる。スミスの言葉を借りれば、最初のヨーロッパ鹿ないしビーバーを殺すためにかかった時間こそがコストとなる。つまり、これは例えばこれらの動物が隠れている場所を見つけるために要する時間である。マルクスの言葉を借りれば、最も価値の高い源泉とは、財を生産するために費やした労働にあるのではなく、これを開発するためにおこなった労働にあるということになる。

わかりやすい例として医薬品のケースがあげられる。分子構造を発見することは、最も難しい。ジェネリック医薬品(▼11)の価格から割り出した医薬品自体の製造コストは、特許をとった医薬品にかかった研究・開発コストの減価償却費よりも、かなり安い。医薬品以外にも、こうした枠組みに当てはまるケースは数多くある。例えば、映画を作る場合では、そのコストとはコピーを作成するコストよりも、撮影や編集に要したコ

▼9 ニュー・エコノミー
一九九〇年代の米国では、ネオリベラリズムに基づくさまざまな規制緩和・規制撤廃政策（参入障壁の撤廃や労働市場の自由化など）と金融制度改革（自由化や新興株式市場の創設、担保証券等の証券化商品の発売など）が実行されるなかで、IT関連を主体とした情報産業が飛躍的な発展を遂げた。また、IT技術の普及により、生産と在庫の最適化が図られると期待された。そこで従来の産業構造（製造業を中心とした「オールド・エコノミー」）に比して著しく生産性が向上し、インフレなき長期景気拡大が実現した、と論じられた。景気循環の消滅した理想的な経済構造に突入したと評価され、さまざまな金融新商品が発売されるなかで、九〇年代後半の米国では空前の投機バブルがもたらされた。本書〈レッスン3〉の「ニュー・エコノミーの矛盾」も参照。

ストである。より一般的に言えば、情報とは、数式・記号・化学式などに置き換えられ、その開発コストは、開発後の物理的中身よりも多額のコストがかかる。

工業部門の企業も、このパラダイムに関心を示している。例えば、工業部門を代表してきた企業であるルノーの宣伝キャンペーンでは、ルノーは「車のコンセプトを提案する企業」であることを前面に打ち出している。実際に、ルノーが自社の車を製造する部分の割合は、ますます減る傾向にある。一九五〇年代、ルノーは販売代理店に引き渡す車の八〇パーセントにあたる部分を製造していた。しかし、現在では二〇パーセントにあたる部分しか製造していない。ルノーの高度技術産業集積地であるパリ郊外〔南西二二キロ〕の都市グィヤンクールは、ルノーの最も大きな「工業」地となっているが、ここでの目的とは、まさに最初のユニットを作ることにある……。こうした変化を象徴する逸話として、ブラジルにあるフォルクスワーゲンの購買部の部長は、車の製造の主要部分を外注させ、残る仕事は車の前面にVWのマークを貼り付けるだけで喜んでいるというものがある。

ポスト産業社会を特徴づけるこの二つ目の構図は、工業部門で活躍す

▼10　アダム・スミス
(Adam Smith, 1723–1790)
古典派経済学の始祖として著名なイギリスの経済学者、哲学者。主著『国富論』において、個人の利己的行為が、神の見えざる手に導かれて人類の幸福を実現すると論じた。

▼11　ジェネリック医薬品
特許が切れた新薬と同じ成分を配合し、他の製薬会社が安く発売する医薬品。後発医薬品ともいう。欧米では、数量ベースで市場の半数に達している。

る企業の〈分解〉の原因を別の意味で明示している。グローバリゼーションの時代において、企業は地球規模で最大限多くの顧客と接触できる企業活動を再編成しようとしている。最初のユニットにかかるコストである〈非物質的活動〉、例えばブランドの広告活動は、こうした財の厳密な生産がもたらす利潤よりも、はるかに高いのである。

◆ポスト産業「社会」——連帯が終焉し、分断された「社会」

こうしてポスト産業社会は、財のコンセプトに当てはまる（非物質的な）用語と、これらの財の処方に関する（これらを商品化する）用語という、二つの部分的に相反する用語を統一することになった。つまり、医薬品に含まれる化学式は非物質的であり、患者の胸に耳を当て、医薬品の処方箋を書く医者は「F2F」の分野に属するが、この二つのケースでは、社会的に適切な図式であった財の製造は姿を消すことになった。

こうした変遷により、これまでの産業社会の凋落は当然のことに思えてくる。しかしながら、こうした同じ変化を土台としつつも、別の変遷のありようも可能であったはずだ。それは、過去のモデルを破壊する代わりに、これを完全に強化する変遷の方法であったに違いない。すなわち、各産業部門が、工業部門で活躍する大企業の周辺で組織され、こうした大企業が研究施設のある上流部門から流通ネットワークのある下流部門までを管理する形式である。つまり、コンセプト・製造・処方といった企業活動を、経済学者が言うところの〈内部化〉する形式である。これは、そもそも一九六〇年代では経済の「自然な」流れと思い描かれてきた構図であり、例えば当時、ガルブレイス(▼12)はこれを指して「新たな産業形態」であると語っていた。

ゆえに、ポスト産業社会の本質を把握するためには、他の〈急変〉について詳細な調査をおこない、とくに、産業社会が自ら息切れを起こした理由について考え直すことが必要である。これが本書の〈レッスン1〉のテーマである。次に、この問題の新たな重要な要素であるグローバリゼーションが、産業社会の形態を修正してきた構図を理解する必要がある。これが〈レッスン2〉のテーマである。最後に、今日、ポスト産業社会に対する規制が非常に難しくなっている理由を理解する必要がある。これが〈レッスン3〉の対象とするところである。われわれの時代における大きなパラドックスの一つとは、グローバリゼーションによ

▼12　ジョン・ケネス・ガルブレイス(John Kenneth Galbraith, 1908–2006)
カナダ生まれの米国の経済学者。ケインジアン(▼レッスン1-21)的立場にたつリベラル派知識人として知られる。一九五八年の『ゆたかな社会』(鈴木哲太郎訳、岩波書店、一九六〇年)において、大企業体制下での財やサービス生産の社会的アンバランスを指摘し、教育や交通などの公共財への投資の必要性を説いた。また、物質生産の持続的増大を是とする見方にも疑問を投げかけた。民主党政権の経済政策にも関係し、前記著作はケネディ、ジョンソン両政権の公共投資政策(貧困との闘い)に強い影響を与えたとされる。多くの著書、論文を発表しており、邦訳書も『アメリカの資本主義』『新しい産業国家』『経済学と公共目的』『不確実性の時代』(著作集はTBSブリタニカ)ほか多数。

って国境が開放され、ほとんどすべての国々が共通の課題に直面している時代においてさえも、各国の社会モデルの差異は大きくなっていく傾向にあるということである。経済的・制度的観点から、世界でも非常に均一化されている地域であるヨーロッパ内部においてさえも、イギリス、スカンジナビア諸国、ドイツ、イタリアといった、それぞれのモデル（このモデルという用語に、まだ意味がある場合であるが）は、明白に異なっているように思える。いくらフランス・モデルを繰り返し語ったところで無駄である。というのは、フランス・モデルが本当に意味するところを知る人は、もう誰もいないからである。

要するに、もし〈産業「社会」〉について語ることが容易であるとすれば、〈ポスト産業「社会」〉について語ることはきわめて難しい。なぜなら、今日の状況は、〔たとえて言えば〕全員が同じ映画を鑑賞する場合でも、各自はそれぞれ異なった座席に身を沈めながら鑑賞することになるからである。いまだかつて、同時代に生活しているという意識が、これほどまでに鋭敏であったことはなかった。そして、いまだかつて、存在する社会的条件がこれほどまでに明白であったこともない。子どもたちを現実世界に対応できなくするテレビゲームのように、ポスト産業社

＊5　この点ついては、以下の記事を参照されたい。Olivier Mongin, « Puissance du virtuel, déchaînements des possibles et dévalorisation du monde. Retour sur des remarques de Jaen-Toussaint Desanti », *Esprit*, août 2004.

会によって想像上の社会と現実との隔たりは拡大している（＊5）。情報化社会によって、技術的な想像力や分散した購買力から生産は加速され、サービス社会によって、社会生活は分離された区分に割り振られていく。ジャック・ラカン（▼13）の用語を用いれば、象徴的な機能である想像と現実の垂直二等分線は、今後は干上がることになる。

デュルケーム（▼2）は、〈産業化前の社会構成員の間に見られた機械的連帯は、社会的分業によって支配される社会構成員による組織的連帯に道を譲った〉と説明した。彼によれば、こうした連帯は、「持続的なやり方で、人々の間で（人々を）結びつける法と義務」（＊6）のシステムを生み出すとのことであった。われわれが突入することになる世界において、デュルケームが願っていた組織的連帯を模索しても無駄に終わるであろう。この、産業社会の中核に組み込まれていた〈連帯〉が終焉することにより、〈ポスト産業「社会」〉の進展を妨げる制約は何ひとつ存在しなくなる。こうして〈ポスト産業「社会」〉は、解決すべき問題を〔さまざまに〕はらんでいるとしても、この「社会」につけられたカギ括弧は外されることになるであろう。

▼13　ジャック・ラカン（Jacques Lacan, 1901–1981）
フランスの精神科医、精神分析家。「主体の欲望は〈他者〉の欲望である」、「無意識とは〈他者〉の言葉である」などのテーゼで有名。主著『エクリ』（弘文堂、一九七二―八一年）、『精神病』（岩波書店、一九八七年）、『フロイトの技法論』（岩波書店、一九九一年）ほか。

＊6　Émile Durkheim, *La Division du travail social*, Paris, réédition Presses Universitaires de France, « Quadrige », 1991.
（エミール・デュルケーム『社会分業論』田原音和訳、青木書店、一九七一年、他に邦訳多数）

LEÇON 1 *L'ère des ruptures*

レッスン 1

急変の時代

◆社会条件の凄まじい大変動

過去三〇年間に生じた社会条件の凄まじい大変動は、しばしば一九世紀の「大転換」に匹敵するとみなされている(＊1)。では、この〈新たな世界〉は、どこから生まれたのであろうか。この問いに対する答えを出す前に、次に掲げる五つの急変を理解する必要がある。

第一番目の急変は、いわゆる「第三次産業革命」によって生み出された。この第三次産業革命は、蒸気機関の発明とともに一八世紀後半に生じたあの産業革命の二世紀後に起こった。また、電気の発明に象徴される一九世紀後半の第二次産業革命の一世紀後に起こった。

第二番目の急変は社会的なものであり、新たな労働方法の開発から生じた。この第二番目の急変は、第一番目の急変と結びつき、また独特の過程から生じたものであるが、一部の論者によれば、これは当然の成り行きと言えるのかもしれない。

第三番目の急変は文化革命である。この文化革命は、しばしばフランスでは、一九六八年五月の革命(▼23)で明らかとなった現代の個人主義の

＊1　下記の書籍名から借用した。Karl Polanyi, *La Grande Transformation*, Paris, Gallimard, 1983 (édition originale en anglais: 1944).（カール・ポランニー『大転換——市場社会の形成と崩壊』吉沢英成他訳、東洋経済新報社、一九七五年）

発露と結びつけて語られる。これは当時、優位を占めていた「産業全体論（holisme industriel）」に再考を促すきっかけとなった。

第四番目の急変は、金融市場から生じた。一九二九年〔世界恐慌〕以来、金融市場は保護下に置かれていたが、一九八〇年代以降は小瓶から飛び出した妖精のごとく、金融はビジネス市場に対して睨みが利くようになった。ここでも独特の成り行きがあったが、その他の急変とは非常に間接的な結びつきしかない。

最後の第五番目の急変は、本書の〈レッスン2〉のテーマでもあるグローバリゼーションである。厳密には、世界の資本主義ゲームに中国とインドが参入したことによって、この急変を解釈することができる。ここでもまた、前述の急変とはあまり関係のない、これまであまり語られていない出来事がある。

これらの急変は、互いに非常に綿密な方法で結びついていることから、それぞれを混同しがちである。しかしながら、これらの急変は、それぞれが異なった論理に基づいて生じた。これらの急変がどのように組み合わさり、結び合ったのかをとらえる前に、それぞれの急変について個別に検証してみよう。

◆情報技術（IT）革命――「第三次産業革命」

一八世紀後半に（第一次）産業革命が、そして第二次産業革命が一九世紀後半に起こったように、現在を〈第三次産業革命〉ととらえるべきであろう。シュンペーター（▼1）は、第三次産業革命のいくつかの特徴を見つけ出したが、現在では第三次革命の完全な応用が見られる（＊2）。こうした応用は、いくつかの抜本的な技術革新の周辺で「果実」となっている。ところで、産業革命はこれまで各世紀の七〇年代に登場している。一八世紀から一九七〇年代までを振り返ってみると、〔一八世紀に〕初期の産業化を担ったのは、ワットの蒸気機関、ハーグリーブスの紡績機、金属工業（一七七九年に金属製の橋が初めて建設された）であった。次に一九世紀の後半には、電気、電話、内燃機関が世界を変革した。

同様に、「われわれの」産業革命は一九七〇年代になって登場した。一九六九年には、米国国防省によって現在のインターネットの基盤となったネットワークであるアルパネットが稼動した。一九七一年には、インテルが初のマイクロプロセッサーを開発した。一九七六年には、アッ

▼1 ヨーゼフ・シュンペーター（Joseph Alois Schumpeter, 1883–1950）
ケインズ（▼21）と並んで二〇世紀前半を代表する近代経済学者。オーストリア出身。資本主義の経済過程を、企業者がおこなう不断のイノベーション（革新）による「均衡破壊」すなわち「創造的破壊」と、経済体系のそれへの適応という「均衡回復」の二段階であると理解し、資本主義経済は本質的に動態的な過程であると論じた。主著『理論経済学の本質と主要内容』『経済発展の理論』『経済学史』『経済分析の歴史』（いずれも岩波文庫）、『資本主義・社会主義・民主主義』（東洋経済新報社）ほか。

＊2 Joseph A. Schumpeter, *Business Cycles*, New York, Mc Graw Hill, 1939.（シュンペーター『景気循環論――

プルⅡが商品化され、これが後のパソコンとなった。

経済学者であれば、産業革命の性格を言い表すために、汎用技術〔ゼネラル・パーパス・テクノロジー、GPT〕(＊3)という概念を持ち出す。このGPTとは、多様な用途をもつ技術のことであり、その可能性は発明者の意図や想像力を凌駕する。電気が発明されたとき、これがテレビや洗濯機を開発することになると考えた者は誰もいなかった。例えば、あの有名なエジソンは、蓄音機は瀕死の者が発する遺言を記録することに役立つと考えていた。GPTは、確かに所期の要求〔目的〕にかなうものである。情報工学の場合、情報管理の増大〔顧客管理や行政事務処理〕がこの分野に対する要求〔の増大〕を物語っている。しかし、情報管理技術は、所期の目的を超えて可能性の領域を広げ、産業分野全体に広がった。そして当初の開発要請に抜本的な修正を図った。

インターネットは、ソビエトの核兵器による攻撃が米国の軍事通信機能を破壊するであろうという、ペンタゴンのアナリストたちの非現実的な仮定に基づいて開発された。ところが、インターネットはその当初の利用目的を凌駕した。一世紀前に登場した電気のイメージのごとく、インターネットは新たな生産組織を可能とした。しかし、この再構成され

資本主義過程の理論的・歴史的・統計的分析』金融経済研究所訳、有斐閣、一九五八—六四年）

＊3　以下を参照のこと。Voir Elhanan Helpman *et al.*, *General Purpose Technologies and Economic Growth*, Cambridge (Mass.), MIT Press, 1998.（G・M・グロスマン、E・ヘルプマン『イノベーションと内生的経済成長——グローバル経済における理論分析』大住圭介監訳、創文社、一九九八年）

た技術用語は、インターネットの創造主にとっては理解できないものである。つまり、新たなインターネットの利用は、当初とは別の論理に属しているのである。

◆社会革命――労働組織の急変

二番目の急変とは、労働組織の急変である。電気の登場が、労働科学組織すなわちテイラーイズム(▼2)の誕生につながったのと同様に、現代の情報革命〔情報技術＝ＩＴ〕が新たな労働組織を誕生させた。新たな労働組織は、情報革命の出現と不可分である。

こうした現象が相互に結びついているという事実をもって、技術によって独自の社会組織方法が自動的に生み出されると判断してはならない。電気が発明された当時、それが流れ作業を生み出すことになると考えた者は誰もいなかった。驚くべきことに、小規模の職人たちは当初、電気によって大企業に反撃できるようになると考えていたのである。

これは技術の不確定さの本質を物語っている。電気が登場する以前、蒸気機関を利用する工場は、「工場システム」という特定の労働組織に

▼2　テイラーイズム（テイラー・システム／科学的管理法）
米国の製鉄所技師長であったフレデリック・テイラー（1856–1915）が提唱した、工場の管理技法。労働者の標準作業量を科学的に決定するための時間研究とノルマ設定、計画部門と現場監督部門を専門化した機能別組織、達成度別の出来高賃金制の導入による労働者の動機づけを柱とする。

▼3　イヴ・ルカン
（Yves Lequin, 1935–）
リヨン第二大学名誉教授。一九世紀から二〇世紀にかけての産業化と都市化を専門とし、フランスの近現代

依拠していた。このシステムの機能とは次のとおりである。蒸気機関が労働者にエネルギーを供給するために、蒸気機関を工場の中心に据えつける。そしてそこで作業する労働者は出来高払いであった。これは当時、労働者の効率性を管理できる唯一の方法であった。ところで当時、経営者とは、水力・風力・家畜や人間の牽引力といった自然エネルギーに取って代わる、蒸気機関という資本を据えつけることのできる人物を指した。しかしながら、職業的見地からすれば、工場の内部組織の大部分は中世の生産モデルとそっくりであった。そこでは技術を世代間にわたって伝承する「職人の世界」である職業集団が存在していた。イヴ・ルカン(▼3)は、(第一次)産業革命の象徴的な産業活動として機能してきた製鉄業について次のように述べている。「経験主義がつねに支配していた。ガラス職人や鋳造工が炉を開くとき、それは目の問題であった。また、高炉ボイラーの上部の投入口から離れなければならないときには、鋳造中の材料は、機械や仕事場から生じる音・匂い・皮膚感を頼りに生産されていた」(＊4)。バンジャマン・コリア(▼4)も同様に、「一九世紀後半まで労働者という職業は、企業〝秘密〟を継承する職業であった」(＊5)と述べている。また、米国の主要な労働組合であるＡＦＬ(アメリカ労働総

史研究を主導した。著書に『労働者、都市と社会 (*Ouvriers, villes et société*)』『フランスにおける外国人と入国管理の歴史 (*Histoire des étrangers et de l'immigration en France*)』ほか。

＊4 François Caron, *Les Deux Révolutions industrielles du XXe siècle*, Paris, Albin Michel, 1997.

▼4 バンジャマン・コリア
(Benjamin Coriat, 1948–)

フランスの経済学者。パリ第一三大学教授。労働組織、イノベーション、産業経済研究の第一人者として、多くの公的機関の委託研究もおこなう。博士論文『工場とストップウォッチ (*L'atelier et le chronomètre*)』は、テイラーイズム、フォーディズム研究の古典とされる。邦訳書は▼8参照。

＊5 Benjamin Coriat, *L'Atelier et le Chronomètre*, Paris, Christian Bourgeois éditeur, « Cibles », 1979.

同盟）の機能は、完全にエリートのコンセプトに基づいていた。ＡＦＬは最も貧しい移民をはじめとする「非熟練工（unskilled）」は除外し、初期のＡＦＬの加入者は労働組合において厳密に「職業上」の問題を扱っていた。

電気が発明されたことにより、蒸気機関を持たないことで不利な立場にあった小規模の職人たちは、反撃の機会が到来したと考えた。電気は、エネルギーへのアクセスを民主化するという公約を掲げて登場した。電気により、まもなく「資本家」や「資本」も不要になるであろうと考えたのである。この〈電気に対する期待〉は、「スモール・イズ・ビューティフル（small is beautiful）」（▼5）という職人的な産業モデルの到来によって二〇世紀の大規模な産業組織は終焉を迎えるであろうと予想した、〔一九七〇年代初頭の〕〈情報革命初期の期待〉を思い出させるではないか。

◆労働に要求される新たな原則——「新‐スタハノフ制度」

フィリップ・アシュケナージ（▼6）によれば、インターネット時代において労働組織に割り当てられた目標とは、「需要に対する適応性、反応

▼5「スモール・イズ・ビューティフル」
ドイツ生まれの米国の経済学者Ｅ・Ｆ・シューマッハー（1911–1977）が一九七三年に発表した著作『スモール・イズ・ビューティフル——人間中心の経済学』（小島慶三、酒井懋訳、講談社学術文庫）のタイトル。同書は、環境問題や食糧問題への危機意識に先鞭をつけ、経済成長を是とする従来の経済学を批判し、科学技術を過信した現代文明に警鐘を鳴らす書としてベストセラーになった。職人的な中間技術による雇用の創出を提唱しているが、「情報革命」を礼賛した本ではまったくない。

▼6 フィリップ・アシュケナージ
（Philippe Askenazy, 1971–）
労働問題に詳しいフランスの経済学者。「ル・モンド」「Les Echos」などに論説を寄稿している。著書に『労働の障害（*Les désordres du travail*）』（▼18）ほか。

性、品質、とりわけ生産過程の最適化、とくに労働者のもつ能力をすべて動員することを通じて、これらの目標を実行することにある。これらを実現するためには、サラリーマンの多目的な労働が増加し、職業上の地位が低い者に責任が委譲されることになる」(*6)という。

すなわち、情報・コミュニケーション技術によって、補完性をもつ労働組織のタイプを瞬時に見分けることである。顧客に対しては情報化社会によって生産者の「ジャスト・イン・タイム」や「オーダーメイド」といった弾力的な生産を可能とすることであり、生産過程においてはヒエラルキーの段階を短くし、これまで厳密に囲い込まれていた生産段階に大きな責任を委譲することである。しかし、労働者は自らの労働に対して、より大きな責任を負わされる羽目になる。

この新たな生産方法は、情報革命から直接的に生まれたものではなく、部分的には一九六〇年代に日本で実践された「トヨティズム」(▼7)から継承されてきたものである。しかしながら、企業内外において複雑な生産ユニットを「ネットワーク化」するというアイデアを発展させるために、情報工学によってこの方式の徹底利用および新たな応用が可能となった。一九八〇年代初頭の時点では、ごくわずかな産業分野しか生産方

*6　Philippe Askenazy, *La Croissance moderne*, Paris, Economica, 2001.

▼7　トヨティズム（トヨタ生産方式）
トヨタ自動車元副社長の大野耐一が体系化した工場の生産管理と業務改善の手法。「七つのムダ」の削減、ジャストインタイム、自働化などを柱とし、過剰生産・過剰在庫の抑制、品質管理への取り組み、タイムリーな製造開発でトヨタを世界企業へと押し上げた。海外でも「カンバン」「カイゼン」などの用語は知られ、この手法を採用した企業は多い。

式の再構築に取り組んでいなかったが、一九九〇年代の米国は、これを経済全体に浸透させ、生産性の向上を加速させたのである。

現代社会の組織上のパラダイムを明らかにするために、三つの例を挙げる。一つ目の例はタイピスト。二つ目は大手書店の店員。三つ目が銀行の窓口で働く従業員の例である。

まず、タイピストについて考えてみよう。パソコンとワープロ機能の登場により、タイピストは熾烈《しれつ》な競争にさらされている。かつて印刷業者が写し書きをおこなう人々の職を葬り去ったように、ワープロはタイピストの職を葬り去った。現在では、各自が（短い）文章をタイプすることができる。ワープロにより、タイピストの技は誰でも使える技術となった。間違えても修正が効くというワープロの機能は、タイピストの特権であった最初から完璧にタイプできるという技能を不必要なものにした。

タイピストの例は、一九八〇年代に経済学者が見出した次の点を明示している。新技術は専門技能のある労働者の生産性をさらに高め、専門性の薄い職業の価値を下げる傾向にある。タイピストを使っていた企業の幹部は、自分でタイプすることになった。すなわち、企業の幹部の生産性が高まったのである。こうして考えると、一九八〇年代になぜ、技術進歩が社会格差の拡大をもたらしたのかを理解することができる。つまり、専門性の薄い職業が供給過剰になったことで、こうした職に就く人々の賃金が下落し、その一方で、専門性の高い職業の生産性はさらに高まった。よって、こうした職に就く人々の賃金は上昇したのである。

組織の変化の実態を摑む上で、〔フランスにおける〕大手書店の店員の例は興味深い。現在、大手書店の店員には、一度にいくつもの役割が課せられている。つまり、リアルタイムで本の在庫を管理し、お客に書籍を推薦し、お客をレジまで案内するのである。会社の上層部が「トップダウン」で決めた論理に従って販売してきた従来のヒエラルキー連鎖は、各自が計画されたプランに従って特定の役割をこなす、より柔軟な労働組織に置き換わった。これまで労働者X氏は、幹部Z氏の命を受けた監督Y氏の発する命令に従って働いてきたが、今後は労働者X氏が情報を受け取り、彼自身が会社の上層部にこれを報告することができ、その結果として彼自身が行動するという労働組織形態になった。

類似したシステムは、一九六〇年代から日本のトヨタの工場において実践されてきた。部品や色についての労働者のもつ情報を上層部に直接伝達する柔軟な労働組織の登場により、「トップダウン」システムは再検討されることになった。バンジャマン・コリア(▼4)は、「逆転の思考(penser à l'envers)」という上手な言い回しで、このシステムの特徴を述べている(▼8)。顧客の視点から生産現場に遡るのであり、古き良き時代のフォーディズム(▼9)とは逆である(フォードの有名な文句に、「顧客は黒色であれば好みの色の車を選択できる」というものがあった)。

トヨティズムのはじまりは野暮なものであった。トヨタの労働者は、情報を上部に伝達するために「カンバン」と呼ばれる小さな紙切れに彼らの要求事項を書き込むシステムを採用した。このトヨティズムにより、テイラーイズムの凋落がはじまった。労働者はトヨティズムによって、例えば車体の色をプログラムし直すために流れ作業を中断することができるようになった。

こうした組織再構築の効果の一つとは、企業幹部に帰属していた仕事の一部が削減されたことである。ここで社会格差が増大するプロセスが登場した。すなわち、中間管理職は、上級管理職になることもあったが、大方の場合はこれまでよりも低い地位へ格下げとなった。ボード(▼10)とピアロー(▼11)は『労働者の条件への回帰(*Retour sur la condition ouvrière*)』の

▼8　バンジャマン・コリア『逆転の思考――日本企業の労働と組織』花田昌宣、斉藤悦則訳(藤原書店、一九九二年)。著者が「オオノイズム」と呼ぶトヨティズムをレギュラシオン的アプローチから分析し、日本的生産方式のヨーロッパへの移転可能性を論じた書。

▼9　フォーディズム(フォード・システム)
フォード・モーター創業者のヘンリー・フォード(▼19)が考案した流れ作業型の生産方式。ベルトコンベア方式の原型である。最初の実験組み立てラインが設けられたのは一九一三年。作業従事者に不必要な動作や移動を極力させずに、無駄を省くという原則が重視された。

▼10　ステファン・ボード
(Stéphane Beaud, 1958–)
フランスの社会学者。

なかで労働者の条件の変化について分析しているが、彼らはこれと同様の見解を示している(＊7)。一九五〇年代、労働者であっても優秀な者には管理職に抜擢される道筋が存在したことから、労働者として職業キャリアを築くことは可能であった。ところが、今日の労働者固有の条件とは、〈労働者としての閉じた世界〉にとどまるということである。つまり、労働者の地位から抜け出すための中間管理職への昇進という道筋は奪われてしまったということだ。今後、労働者は、従業員の間でつねに底辺に居続けるという著しいリスクを背負うことになった。すなわち、〈生涯にわたって最低賃金を余儀なくされる人々〉が増え続けることになったのである。

一九八〇年代の組織変化を物語る三番目の例は銀行の窓口業務である。三〇年ほど前、銀行組織は一般的なテイラーイズムの論理に従っていた。小切手帳をもらうために最初の窓口に並び、二番目の窓口で預金手続きをおこなっていた。そして次に現金をもらうために出納係の窓口に向かうといった具合である。これらの業務を混ぜ合わせることなど、想像する者は誰もいなかった。小切手の仕分けと電話の対応を同一人物に委ねることにメリットはないと考えられていた。しかしながら、現在では一

▼11　ミシェル・ピアロー(Michel Pialoux)
フランスの社会学者。ボードとの共著に『都市暴動、社会暴動(*Violences urbaines, violences sociales*)』など。

＊7　Stéphane Beaud et Michel Pialoux, *Retour sur la condition ouvrière*, Paris, Fayard, 1999.

人の人物がほとんどすべての業務をこなしている。小切手を受け取り、顧客に現金を渡し、口座についての相談に乗り、給与口座の開設やクレジットカードの使用についての情報を提供し、さらには、かかってきた電話に対応し、入口扉の開閉ボタンの操作までおこなうのである……（▼12）。また、顧客の質問が複雑すぎて対応できない場合には、専門の担当者まで案内する。

この多目的職務の登場を理解するにあたって、その経済的合理性とは何であろうか。これまでになされてきた理由づけで納得できるものはあまりない。確かに、情報技術によって以前では想像もできなかったある種の業務を、リアルタイムで処理することが可能となったことは事実である。例えば、コンピューターのおかげで、顧客の支払能力に関して顧客情報を瞬時に入手することが可能になった。書店で働く店員は在庫をリアルタイムで把握できるようになった。ところが、電話に対応すると同時に現金を渡したり、小切手を受け取ったりすることは、情報革命以前に考えられていた労働組織の原則に完全に依拠しているのである。これはそもそも、ピオリ（▼13）とセーブル（▼14）が唱えた、〈新たな労働組織は新技術に直接結びついているのではなく、新たな社会原則に結びつい

▼12　ヨーロッパの銀行の店舗では、銀行員が店内から扉の開閉ボタンを押さないと入店できない場合が多い。

▼13　マイケル・J・ピオリ
(Michael Joseph Piore, 1940–)
米国の経済学者。労働経済論専攻、マサチューセッツ工科大学教授。労働市場分析に新しい領域を開いた。

▼14　チャールズ・F・セーブル
(Charles Frederick Sabel, 1947–)
米国の政治学者。コロンビア・ロースクール教授。

ているのだ〉という主張である(＊8)。

　では、技術の進歩がその理由ではないとすると、この労働の再組織化を裏づける経済原則とは何であろうか。その答えは単純であり、ここでもまた日本が参考になる。つまり、新しい労働組織は、〔従業員の〕「無駄な時間」を消し去るためにすべての業務を遂行するよう仕向ける。現実の社会においては、カウンターや他の場所で、ぼんやりと顧客を待つという、何もしないに等しい者に賃金を支払うことなど、すでに論外となっている。無駄な時間を減らすためには、従業員につねに仕事を与え続けることになる。ここで情報技術が有用となる。例えば、マウスをクリックすることで、顧客が訪れていた間に中断していた仕事が再開できる。つまり、この新しい労働組織が従う原則とは外部にあるのであり、新しい労働組織とは労働価値の上昇というファンダメンタルな与件〔基礎的条件〕から生じた無意識の結果なのである。

　二〇世紀初頭から二一世紀初頭までの間に、労働者の賃金は（商品や投資の価格と相対的に比較して）七倍に上昇した。そこで、労働賃金の割合を削減する、つまり、以前では二人でこなしていた業務を一人でおこなうことが可能であるというきわめて単純な組織上の原則により、一世紀

＊8　Michael Piore and Charles Sabel, *The Second Industrial Divide*, New York, Basic Books, 1984.（マイケル・J・ピオリ、チャールズ・F・セーブル『第二の産業分水嶺』山之内靖他訳、筑摩書房、一九九三年）

前よりもかなり大きな割合を占める部分（七倍に跳ね上がった人件費）を節約するという結論に至った。この点に関しては、ワープロの利点が参考になる。企業の幹部が手紙を自分でタイプすることで、直接的にタイピストの人件費を節約できる。監督業務をコンピューターのプログラムに置き換えることで企業幹部の業務を削減することは、同様の観点から「興味深い」。出納業務と窓口業務を混ぜ合わせることは、現在ではまったく珍しいことではない。ここでも無駄な時間を省くということが重要である。すなわち、いかなる場合においても労働者をたえず仕事がある状態に置こうと努めるのである。

フィリップ・アシュケナージ（▼6）が、「新 - スタハノフ制度（neo-stakhanovisme）」（▼15）と呼ぶところの、この新しい労働組織は、ミッシェル・アグリエッタ（▼16）をはじめとする経済学者が、新技術が生産性を向上させるとする従来の考え方や、新技術は労働を効率化させるテコであるとする考え方に対して批判を加える論拠となっている。無駄な時間が存在しなくなれば、また労働者がたえず働くことになれば、生産性が向上するのではなく、労働時間が分刻みで増えることになる。こうした解釈は明らかに極端である。確かに、電子メールにより、瞬時の通信が可

▼15　スタハノフ運動
ソ連邦政府が第二次五カ年計画（一九三三―三七年）に際して宣伝、奨励した生産性向上運動。一九三五年、新技術の考案と共同作業の組織化によって従来の一〇倍以上の産出量をあげた炭鉱労働者アレクセイ・スタハノフをモデルとし、高い能率をあげた労働者に特別給や勲章などを与えた。その結果、賃金格差が生じ、平等や福祉を理念とした社会主義国家を標榜していたにもかかわらず、ごく一部の高給取りと大多数の貧しい労働者との分化が進んだ。

能となり、生産性は上昇した。しかし、この指摘が当たっていることに間違いない。というのは、情報革命は電気や蒸気機関といった革命とは異なり、「エネルギー」革命ではないからである。情報革命とはその名前が示すとおり、実際には〈組織革命〉を意味する。

このセクションを締めくくるにあたり、電気と「工場システム」の終焉との間に何らかの関連が存在したのと同様に、情報革命と新たな労働組織方法との間にも、緊密な関係が存在することを指摘しておく。両者の場合とも、たとえ必然的関係ではないにしても、何らかの関係は存在していたと言える。この場合、日和見主義的な出会いという言葉を用いるのが適当であろう。フォードは電気によってテイラーイズムのプログラムを実現し、ウォールマートは情報〔IT〕によってトヨティズムのプログラムを実現するために邁進した。

しかしながら、ジャン・フーラスティエが〈二〇世紀に大いに期待した出来事〉(▼17)が実現されるどころか、このポスト産業社会には、肉体的・精神的障害が増殖した。フィリップ・アシュケナージは、著書『労働の障害（*Les désordres du travail*）』(▼18)のなかで、労働災害が再び増加していると指摘している。サービス業が中心となった経済では、労働災害は

▼16　ミッシェル・アグリエッタ(Michel Aglietta m 1938–)　ロベール・ボワイエらとレギュラシオン理論を構築したことで有名な、フランスの経済学者。邦訳書『資本主義のレギュラシオン――理論政治経済学の革新』若森章孝他訳（大村書店、一九八九年）ほか。

▼17　『二〇世紀の大いなる期待』
→▼序章－7

▼18　Philippe Askenazy, *Les désordres du travail*, Paris, Seuil, 2004.

減るであろうと予想していたにもかかわらず、実際には増え続けている。肉体疲労や精神的ストレスはお馴染みである。現代の資本主義は〈矛盾に満ちた命令〉によって成り立っていることから、こうした命令を受ける労働者は、つねに心理的に安定した状態にあるとは限らない。「顧客には最大限のサービスを提供しろ。ただし、最小限の時間でこれを遂行するように」、「責任は取れ。ただし、労働規定で定められている実際の責任は取るな」といった命令により、しばしば労働者の不安感は増大している。OECD（経済協力開発機構）によれば、就労不能と認定された人々を無作為に調査したところ、精神に異常をきたしたことが原因で就労不能となった人の割合は、ここ一〇年間のうちに一七パーセントから二八パーセントに上昇したという。

同様に、しばしば見過ごされている事実とは、〈労働現場での人身災害の数に大きな変化は見られない〉ということである。例えば、これまで調査してきた職業病の主要なカテゴリーである極度の栄養失調は、ここ二〇年間で激減した。一方では例えば、スーパーなどの売り場での職業とは、従来は在庫調査がその職務であったが、バーコードの導入によって在庫調査の必要がなくなった。これまでは在庫の欠損を調べ、場合によっては所定の位置へ移動させる必要のある製品を調査することがスーパーでの職務であった。ところが、情報〔IT〕化によって肉体労働が増えたのである。というのは、今後は自らの労力で所定の位置に製品を移動させなければならなくなったからである。労働組織に関する技術革新の実践（品質管理、職場の配置転換、柔軟な労働時間）により、平均的に一五パーセントから三〇パーセントほど労働災害が増加している。こうした労働災害の原因は、大部分の場合、肉体疲労およびその蓄積が極度の精神的な緊張と結びついた結果である。

病理学上の立場からみれば、〈肉体的疲労から労働が解放され、サービス化された社会が到来する〉というジャン・フーラスティエの予想〔大いなる期待〕は、きわめて楽観的なものであった。フォーディズムの限界とは、肉体的疲労ではなく、経済的・社会的な別の要因によるものであった。

◆フォーディズムの矛盾——二〇世紀型産業システムの崩壊

一九一三年のフォーディズムの出発時点から、フォード(▼19)自身がこ

▼19　ヘンリー・フォード（Henry Ford, 1863–1947）アイルランド系移民の中農の子として米国に生まれ、エジソン照明会社の技術者などを経て、自動車会社フォード・モーターを創業した。流れ作業による大量生産でコストを抑制し、低価格大量販売を実現できるシステムを構築。大衆車T型フォードは、世界で累計一五〇〇万台以上も生産された。この生産方式はベルトコンベア方式の原型となり、二〇世紀の産業社会をもたらした。

のシステムには内部矛盾を抱えていることを認識していた。労働科学組織とは、本来的に反復作業の連続で退屈であり、「人間疎外」をもたらすものであった。こうした退屈な作業に嫌気のさした労働者たちの欠勤が相次ぎ、フォード社では来る日も来る日も欠勤した労働者の代わりを見つけるのに苦労していた……。というのは、労働の科学組織体制とは、当事者と労働者の同意を頼りにしながら、生産過程全体を緊密にする体制であったからだ。こうした事態に懸念を抱いたフォードは、心理学者や人間工学の専門家の意見を仰いだ……。フォードは、労働者の退屈を改善するために提示されたいかなるやり方でも不十分であることを瞬時に見抜いた。彼の天才的な企てとは、労働者の賃金をその翌日から二倍に引き上げたことである。これはいわゆる、これまで二ドルから三ドルであった労働者の日給を、「日給五ドル」に引き上げたという有名なエピソードである。フォードの工場の機能を損なってきた問題は、あっという間に解消された。労働者は毎朝、きちんとフォードの工場に集まり、欠勤はなくなったばかりか、勤勉に働くようになった。フォードは回顧録のなかで、労働者の賃金を二倍に増やした日が最も生産コストを削減できたとして、この有名となったエピソードを振り返っている(▼20)。

▼20　ヘンリー・フォード『藁のハンドル——資本主義を最初に実現した男の魂』竹村健一訳（祥伝社、一九九一年）。

▼21　ケインズ主義
二〇世紀前半を代表する近代経済学者ジョン・メイナード・ケインズ（1883–1946）の経済理論を受け継ぎ、政策的に国家が有効需要の増減を通じて失業と不況の緩和を図り、自由放任型の資本主義経済に修正を

フォーディズムに付随する神話として、賃金の上昇によって労働者が自家用車を購入することができるようになったというものがある。つまり、「ケインズ主義」(▼21)を先取りしたフォード自らが、自社の生産販路を拡大したという神話である。しかし、これは明らかに奇妙な話である。フォード社のラインで働く労働者の割合は、全体から見れば取るに足らない。金融的な観点からすれば、労働者には自動車をタダでプレゼントして、一般の消費者が支払う自動車購入価格を下げるために労働賃金を低く維持したほうが、よっぽどシンプルである。

フォーディズムの活力をさらに理解するためのもう一つの理論とは、効率的賃金仮説である(＊9・▼22)。この理論によれば、従来の考えとは逆に、賃金を上昇させることで労働者の生産性を向上できるという。これまでは一般的に、生産性の上昇によって上流部門における労働賃金がコントロールされてきた。ところが、フォーディズムの神話は、この逆を行く。つまり、賃金を上げることによって生産性を拡大するのである。労働者のやる気を賃金に組み入れることで、労働者の生産性を高めることができるとする理論である。

産業社会における〈経済問題と社会問題の結合〉は、ここではっきり

加えようとする立場。国家が完全雇用政策を推し進めるべきであるという考え方は、米国のニューディール政策や、英労働党の福祉国家観の基礎づけに用いられた。

＊9　Mark Shapiro and Joseph Stiglitz, «Equilibrium Unemployment as a Worker Discipline Device», *American Economic Review*, n°74, 1984, p.433-444.

▼22　**効率的賃金仮説**
主として一九八〇年代に議論された労働経済学の理論で、労働者の生産性の向上は賃金水準に依存するという考え方。具体的には、例えば専門性の高い職種や機密漏洩の危険がある職場など、企業にとって「辞められるコスト」が高い立場にいる従業員に対し、企業は他業種に比して高賃金を払うことで失職を恐怖させて職務への忠誠を誓わせ、転職を防止しているとみる。

する。つまり、〔産業社会における〕労働の科学組織体制のおもな目的とは、社会的に最も恵まれていない産業区分の生産性を高めることにある。労働エンジニアや人間工学の研究者の対象は、科学組織体制で働く単純労働者の生産性を最大限に高めることにあった。社会的要素全体をどのように社会にうまく組み入れていくかが社会問題の核心であるが、経済自体がこの役割を引き受けた。つまり、労働者に雇用を与えるだけではなく、労働者の生産性を高めるような方法で生産体制を組織しながら、労働者を生産的にすることも重要であったのである。これは今日では失われてしまった〈経済問題と社会問題の結合〉である。この問題については、本書の〈レッスン3〉〔および〈終章〉〕で後述する。

しかしながら、フォーディズムの内部矛盾は、ここでも解決されない。というのは、労働者の賛同を得るためには、彼らの賃金を従前の額から倍に引き上げるだけでは不十分である。つまり、彼らの賃金が他の賃金と比較して倍である必要がある。昨日よりも二倍稼ぐことには、ほとんど意味はなく、労働者の退屈・欠勤を克服するためには、他の場所よりも高い賃金が支給されていることを労働者に認識させる必要があるのだ。ところが、フォーディズムが経済全体に波及していくと、次第に限界に達したのである。すなわち、フォーディズムとは、手工業的な社会においてのみ通用する手法なのである。フォーディズムが社会全体に普及すると、フォーディズムは衰退するしかない。

賃金インフレがいったん一般化すると、フォーディズムは限界に達し、生産性の向上には結びつかなくなる。そこで企業は、製品の販売価格に賃金上昇分を転嫁せざるをえない。これは急激なインフレを引き起こす。フォーディズムの硬直性は一九六〇年代から知覚できるようになり、一九七〇年代には明白となった。この一九七〇年代とは、生産性の向上がまったく観察されなかった時代である。米国ではこの時代を「生産性の減退期」と呼んでいる。

フォーディズムの「内部」矛盾に、今度は二〇世紀の産業システムを破壊する「外部」矛盾が加わった。これはフォードが用いた別のやり方に関することである。フォードは労働者に対して「読み書き、ならびに英語を話す能力さえ期待せず、ただ、仕事中に飲食しないように」させた。流れ作業とは非識字者、すなわち、しばしば英語さえも話すことのできない層が就く職業であるとみなされてきた。要するに、流れ作業とはおもに移民層が就く職場であった。

テイラーイズムは、米国初の労働組合を結成して「工場システム」において次第に「貴族的労働者」となった従来の労働者階層を対象としていた。彼らは、シチリアやポーランド出身の非識字者である移民労働者を労働組合に編入させることなど想定していなかった。むしろ、移民労働者に対して警戒心すら抱いていた。逆に、フォーディズムが移民労働者に門戸を開いたのである。

ここでフォーディズムの「外部」矛盾が登場する。移民世代は英語を読むことも話すこともできなかったとしても、彼らの子どもたちや孫の世代では事情が異なる。つまり、教育の進歩がフォーディズムの基盤を破壊したのである。

◆一九六八年五月——工場労働の否定と情報革命

一九六八年五月(▼23)、学生たちは彼らの親の世代から遺贈された、彼らが服従することになる階級社会を否定した。学生たちは「賃金イコール服従」という方程式を容認できないと考えた。こうした抗議運動はすべての産業国において共通の現象であった。「一九六八年五月の抗議運

▼23　五月革命
一九六八年五月にパリを中心にフランスで発生した学生、労働者による大規模叛乱のこと。ベトナム反戦運動などの高まりのなか、ソルボンヌ大学生たち二万人の学生デモは、学生街のカルチェラタン地区で警官や機動隊との戦闘状態に突入、四〇〇名を超える逮捕者を出す。これに呼応するかたちでフランス労働総同盟（CGT）が大規模ゼネストに突入。パリだけでも八〇万人がシャルル・ド・ゴール大統領に反対するデモに参加し、「フランス革命の再来」とまでいわれた。ド・ゴールが解散総選挙を宣言、翌月の総選挙で圧勝したことで事態は沈静化したが、第二次大戦後初の西側先進国における大規模な社会的叛乱として評価されている。管理社会や既成の権威への叛逆は、結婚観や性意識の変化、同性愛者や移民等マイノリティの権利拡大など、その後のフランス社会の方向を大きく変える契機となった。

動はフランスだけの現象ではない」とアンリ・ウェベール(▼24)は記している。「その重要性や現実は、そもそも国際的なものである。米国、西ヨーロッパ諸国、日本においても、同じ原動力、同じイデオロギー、同じスローガンをもつ、同一の社会運動であった」(＊10)。この叛乱に至るまでの思考の道筋は世代間の闘争であり、一九六八年五月の学生運動が最も「激しかった」国は、親世代との確執も同様に最も激しかった、ドイツ、イタリア、日本といった国々であった。

ルイ・デュモン(▼25)の従来の異議を踏襲すると、一九六八年五月の出来事とは、根本的に全体主義にとどまる産業社会の中核における個人主義の急激な高まりであると解釈されがちである(＊11)。一九六八年五月の抗議運動により、家族、工場、学校といった社会制度は断罪され、それらの機能には明白な急変の跡が残された。この危機により、これらの社会制度には元来、正当性が備わっているとする考え方から、正当性とは獲得しなければならないものであるとする考え方に移行した。経済学者風に表現すれば、社会制度は競争的環境下に置かれ、その独占的権威は失われたのである。各社会制度は新たな環境に適合するために、遺伝子が組み替えられるほどに激変しながら、一九六八年五月から根源的な影

▼24　アンリ・ウェベール
(Henri Weber, 1944–)
仏社会党の政治家であり、欧州議会の議員。エッセイストでもある。

＊10　Henri Weber, *Que reste-t-il de Mai 68?*, Paris, Seuil, « Points », 1998.

▼25　ルイ・デュモン
(Louis Dumont, 1911–1998)
フランスの人類学者。インドの文化社会学の専門家。邦訳書に『インド文明とわれわれ』竹内信夫他訳（みすず書房、一九九七年）、『個人主義論考——近代イデオロギーについての人類学的展望』渡辺公三訳（言叢社、一九九三年）ほか。

＊11　Louis Dumont, *Homo Aequalis. Genèse et épanouissement de l'idéologie économique*, Paris, Gallimard, 1977.

響を受けることになった。家族は再構築され、学校は教育学に道を譲った。工場は外注の道を模索し始めた。読み書きのできない移民を就職させるというフォードのやり方に似せて、社会は次第に、反逆する学歴のある若者たちを就職させる術を学んだ。

しかしながら、個人主義を軽率に語ることは、見せかけにすぎない。ジミ・ヘンドリックス(▼26)のコンサートを観にウッドストック(▼27)に行った米国の若者たちや、バリケードを乗り越えて学生運動に身を投じていたパリの学生たちが、こうした物事を象徴しているのではない。若者たちの行動の団結力は、彼らの原動力の一つとなり、行動は彼らに歓喜をもたらした。時が経ち、独立した社会的勢力である若者の台頭によって一九六八年五月を表現すると、事態はさらにすっきりする。こうした若者の台頭により、いずれは巻き起こる運命にあった変革が始まったのである。つまり、工場における社会階層は、他の社会階層に道を譲った。こうした社会階層にある大学や学生生活が、五月の「事件」の主人公に暗黙のうちにモデルを与えたのである。

一九六八年五月の重要性に対する誤解とは、しばしば社会階層とは工場において生じるものであると考えていたことであり、そう信じていた

▼26 ジミ・ヘンドリックス
(Jimi Hendrix, 1942–1970)
米国の黒人ロック・ミュージシャン。ステージ上でギターに火を放つなど、エキセントリックなパフォーマンスで知られ、六〇年代後半のカウンター・カルチャー、ドラッグ・カルチャーの象徴的存在の一人。

▼27 ウッドストック・フェスティバル
(Woodstock Music and Art Festival)
一九六九年八月一五日から一七日までの三日間、米国ニューヨーク郊外ベセルで開催された大規模な野外コンサート。"Love and Peace"を合い言葉に、四〇万人以上の若者が詰めかけた。ヒッピー・ムーブメントの全盛期を象徴するイベントとして語りつがれている。

人々にとっては悲劇となった。ジャン＝ピエール・ル・ゴッフ（▼28）の記述にあるように、労働者は若きブルジョワとしての自由を欲していたことに気づいた。「革命の闘士たちが夢見ていた、いわゆる工場を〝共産主義の基盤〟に変革するという考えよりも、若き労働者はむしろ工場で労働することを拒否した。すなわち、これまでの労働条件の否定であった」（＊12）。

若者たちのこうした熱望は、同時代に生じた〔情報〕技術革命を理解するうえでも、重要な道筋を示している。技術革命のパイオニアたちは、一九六八年五月の主人公でもあったベビー・ブーマーの年齢層であるということを頭に入れずして、一九七〇年代初頭から産業界に生じた技術革命を正しく理解することはできない。一九六〇年代の米国の大学に蔓延していた反体制的文化のなかで育った学生たちは、彼らの親の世代が作り上げた規格化された世界を打ち壊す手段を、情報技術に見出そうとしていた。

インターネット誕生に至るエピソードに沿いながら、情報技術の発展を「社会学」的見地から考察してみよう。前述のように、インターネットの誕生は、一九六九年に米国国防省の先端技術研究機関において、画

▼28　ジャン＝ピエール・ル・ゴッフ（Jean-Pierre Le Goff, 1949–）　フランスの社会哲学者。先進国社会における民主主義の再生条件などを研究の対象とする。著書に『ポスト全体主義的民主主義（*La Démocratie post-totalitaire*）』ほか。

＊12　Jean-Pierre Le Goff, *Mai 68, l'héritage impossible*, Paris, La Découverte, 1998.

期的なコミュニケーション・ネットワークを構築したことが始まりである。そのプロジェクトの目的とは、核攻撃を受けた際の軍事通信網を確保することにあった。このシステムは、次第にペンタゴンとコンタクトをもつ大学機関によって使用されることになり、一九七八年にモデムの発明によってインターネットは一気に一般化した。このモデムを発明したシカゴ大学の二人の学生は、国防省のサーバーを通さず、無料でコミュニケーションできる手段を模索した。その一年後の一九七九年、デューク大学とノース・キャロライナ大学の三人の学生は、既存の電話線を通じてコンピューター同士を接続させることを可能とするユニックスの改良版を作り上げた(＊13)。光工学技術などの進歩もあり、数字の羅列を伝達する技術は飛躍的に向上した。電話線を通じて地球上のすべてのコンピューターを接続させながら、インターネットはこうした技術進歩から誕生したのである。

◆金融革命——「株主」資本主義

われわれの時代を特徴づける四つ目の急変は、一九八〇年代の金融革

＊13　ユニックスとは、ベル研究所によって開発されたコンピューターのOSシステム。独占問題を担当する連邦通信委員会（FCC）の指導により、このシステムの公的分野での開発が義務づけられ、大学がその開発にあたることとなった。

▼29　金融革命（金融制度改革）　一九七〇年代以降、米国およびそれに追随する国々で、銀行、証券会社、保険会社に対するさまざまな規制緩和政策（いわゆる「金融自由化」）が推し進められていった。業際間規制の緩和、預金金利の自由化、コマーシャル・ペーパー（短期流通可能な債務証書）の導入などがおこなわれ、さらに九〇年代に入ってからは、新興株式市場の創設、住宅ローン担保証券等の証券化商品の発売など、金融市場全般にわたっての〝革新〟が急速に進行していった。

命（▼29）である。これは企業マネジメントにおいて、株式市場が権力を握ったことでもある。

一九二九年のニューヨーク証券取引所で株価が大暴落して以降、株式市場の正当性は大きく失われた（＊14）。株主は企業経営を「経営者」に委ねた。一九三二年、バーリ（▼30）とミーンズ（▼31）は、この権限の委譲は拡大する企業規模と家族的資本主義の経営資源の限界との矛盾に対する唯一の解決策であると論じた（＊15・▼32）。例外的ケースを除いて、株主一人だけで巨大企業を所有することは不可能となった。ゆえに、株主は彼らの権限を一人の経営者に委譲することで、意見を一致させる必要が生じることになった。

経営者とは株主ではなく、企業に勤めるサラリーマンである。確かに、経営者の給料は他の従業員より高いが、経営者は契約関係が破壊されない限り、報酬額やその地位に付随する特典を定めた労働契約に従うことになる。報酬に関してロックフェラー（▼33）が定めたルールとは、企業の経営者の賃金は、その企業で働く労働者の賃金の四〇倍を超えてはならないとするものであった。現在、米国ではこの数字は四〇〇倍にも達している。

＊14　Raghu Rajan and Luigi Zingales, « The Great Reversals: The Politics of Financial Development in the 20th Century », *Journal of Financial Economics*, 69(1), 2003, p.5-50.

▼30　アドルフ・バーリ（Adolf Augustus Berle, 1895–1971）米国の法律家。経営者支配をめぐる論考で知られる。

▼31　ガーディナー・ミーンズ（Gardiner Coit Means, 1896–1988）米国の経済学者。後掲▼32のバーリとの共著で株式会社における「所有と経営の分離」を指摘した。

＊15　G. Barle and C. Means, *Modern Corporation and Private Property*, New York, Harcourt, 1932.（A・A・バーリ、G・C・ミーンズ『近代株式会社と私有財産』北島忠男訳、文雅堂書店、一九五八年）

しかしながら、ここで問題となるのは、量的急変ではなく、質的急変である。一九八〇年代の金融革命にともない、経営者はサラリーマンのなかから抜擢されることになった。経営者であった株主に代わり、株主にもなる経営者に頼ることになったのである。ストック・オプション制度(▼34)により、株主としての報酬を持ち出し、経営者のやる気を引き出した。この制度により、企業経営者は単なる株主として振る舞う羽目となった(＊16)。

アンドレイ・シュレイファー(▼35)とラリー・サマーズ(▼36)は、「信頼を破壊して企業を乗っ取る(Corporate Takeovers as Breach of Trust)」(＊17)という非常に興味深いタイトルの記事のなかで、企業の経営者と従業員の分裂の本質について明らかにしている。彼らの考察の出発点は、乗っ取り屋たちは企業を買収し、これを解体して売却する際に、さらなる株式価値を生み出しているが、これをどのように解釈すべきか？ という理論的な問題である。ハーバード・ビジネス・スクールの教祖的存在の一人であるマイケル・ジャンセン(▼37)が下した理論的評価は、〈乗っ取り屋の企業解体による株式価値の上昇とは、企業の生産効率の改善によるものである〉というものであった。

▼32 『近代株式会社と私有財産』
一九三二年刊、制度学派のバーリとミーンズによる書。株式所有の分散の度合いの実証的研究を通じて、株式会社の「所有と経営の分離」を指摘し、当時の米国巨大企業の経営が、株式をほとんど所有していない専門的な経営者によってなされているという「経営者支配論」を提示した。

▼33 ジョン・ロックフェラー
(John Rockefeller, 1839–1937)
一九世紀後半から二〇世紀前半にかけて活躍した米国の実業家。スタンダード・オイル社を創業し、石油精製能力の九〇パーセント以上を株式受託により支配するトラストを形成した。当時の米国を代表する「大富豪」であった。

▼34 ストック・オプション
株式会社の幹部を対象に、一定期間後、事前に決められた価格での自社株購入権を与える制度。米国では成

しかし、シュレイファーとサマーズは、これとは別の見方を示している。乗っ取り屋が「価値」を生み出すために企業を攻撃するたびに、乗っ取り屋は「シェアホルダー〔株主〕」の利益のために企業のパートナーである「ステークホルダー〔従業員、取引先、地域住民など、企業に関わるすべての利害関係者〕」を搾取しているにすぎないのではないか、と考えた。例を挙げると、通常、企業は従業員に対して昇進の見通しを与える。いわゆる年功序列式に給与も地位も上昇していく約束を従業員と交わすことで、従業員に企業への忠誠心を促す。これは従業員の賛同を得るための手段の一つであり、効率的賃金の理論(▼22)に合致する。しかし企業にとっては、最も高い給与を支給している高齢の従業員は「超過コスト」であり、若い従業員を企業につなぎとめる効果しかもたない。

こうした「暗黙のうちの契約」は、「パートナー」経済を築くという重要な役割を担っている。企業の経営機能を円滑にするためには有用な手段であるが、これがなぜ重荷となったのかも考えてみよう。例えば、優良なドライバーには無事故割引を、そして事故を多発するドライバーには割り増し保険料を請求する保険会社についても、これが該当する。無事故割引額が大きすぎる場合、また、これが適用される人口が過剰に

功報酬制度として広く普及しており、日本では一九九七年の商法改正により可能となった。ベンチャー企業などでは一般従業員にも与え、社外からの人材登用にも活用されている。

＊16 Xavier Gabaix と Augustin Landier は、挑発的な記事（« Why Has CEO Pay Increased So Much », MIT, Department of Economics, Working Paper n° 06-13）のなかで、経営者の報酬は、従来同様、企業の株式時価総額と連動していると指摘している。今後、この連動方式は明白となり、経営者の意識に大きな変革をもたらすであろう。

▼35 アンドレイ・シュレイファー（Andrei Shleifer, 1961–）米国で活躍する著名な経済学者。ロシア出身。邦訳書に『金融バブルの経済学』兼広崇明訳（東洋経済新報社、二〇〇一年）。

膨らんだ場合、このプレミアムを純粋・単純に清算してしまうほうが、都合がよい。これは金融的観点においては「価値」を生み出すが、経済的観点において「価値」を生み出すかどうかは定かではない。無事故割引/割り増し保険料という信頼できるシステムが取り払われた新たな保険会社は、優良ドライバーに対する債務を放棄した後、金融的には収益性が向上したとしても、以前より効率性は低下するかもしれない。

要するに、シュレイファーとサマーズの解釈によると、一九八〇年代の金融革命は、〈多くの暗黙の合意を破棄することによって価値を創造してきた〉ということになる。古くから勤務してきた従業員をリストラし、これまで取引のあった下請け企業との契約更新を拒否するようになった。つまり、「ステーク・ホールダー」と呼ばれる企業の「パートナー」との間で結んでいた過去のつながりを断ち切るようにと、「経営者」に対して要求したのであった。

この「契約の急変」は、新たな〈「株主」資本主義〉の出発点となった。一九八〇年代全般を通じて、企業規模を縮小する「ダウンサイジング（downsizing）」がブームとなった。乗っ取り屋は大手の複合企業体を解体し、各種子会社を部門別に売り払い、企業活動の再結集を図った。

▼36 ローレンス・ヘンリー・サマーズ（ラリー・サマーズ）（Lawrence Henry "Larry" Summers, 1954–）
米国の経済学者。ハーバード大学学長。世銀上級副総裁、クリントン政権後半期の財務長官などを歴任。二〇〇九年一月、オバマ政権発足時に大統領補佐官兼、国家経済会議（NEC）委員長に就任した。

＊17 Andrei Shleifer and Larry Summers, « Corporate Takeovers as Breach of Trust », in *Corporate Takeovers: Causes and Consequences*, A. Auerbach ed., NBER, University of Chicago Press, 1988.

▼37 マイケル・ジャンセン（Michael Jensen, 1939–）
米国の経済学者。ストック・オプション制度導入に際しての学術的議論で導入論者として重要な役割を果たし、その普及の基盤を築いた。

不必要と思われる作業については下請けに任せた。要するに、傘を製造する企業が水着を製造することはなくなったのである。上場企業の経営は、さらに変動が激しくなった(＊18)。ダウンサイジングの後、一九九〇年代から企業は、「中核となる事業」だけを基軸に、再び規模の拡大を追求し始めた。こうして企業のM&A(合併・買収)の嵐がつねに吹き荒れることになった。こうした企業のM&Aは、一九八〇年代の企業分割、すなわちダウンサイジングが解決しようとしていた企業規模の問題が、じつは重要ではなかったことも証明している。

＊18　J. Campbell, M. Lettau, B. Malkiel and Y. Xu, « Have Individual stocks Become More Volatile? », Journal of Finance, 56:1-43, February 2001.

◆むすび――「資本主義の新たな精神」の到来

現在の資本主義は、すべての分野で産業企業の分割に再び取り組んでいる。社会のすべての層を内包した巨大企業というイメージは失われた。フォーディズムのピラミッド構造は、さらに細かく引き割られ、企業のヒエラルキーはフラット化している。企業は比較優位(▼38)のある分野で身を丸めている。エンジニアたちの事務所は独立採算制となり、製造は外注ないし現地生産である。

▼38　比較優位
→▼レッスン2-9・10

この急変にはいくつかの原因があるが、まず、これを階級闘争の時期としてとらえることもできる。米国で最初にリストラが敢行された企業は、労働組合組織が最も強固であった企業であった。新たな資本主義は、一世紀の間に構築された〈労働者の共同体〉を破壊した。これはほとんどの場合、一世紀前に労働の科学的組織体制が貴族的労働者と衝突したときと、まったく同じ理由によるものである。しかし、外部からの原因も同様に重要であった。一九六八年五月の流れ作業に対する異論や、新たな技術〔IT〕の登場は、「資本主義の新たな精神」(＊19)の到来の時期を早めた。これを〈パラダイムの急変〉と呼ぶことも可能であろう。資本主義は、労働組織をこれまでとは異なった方法で考え始めた。社会的な知性は、フォーディズムの方向性とは反対に向かうように動員された。つまり、科学的組織体制をさらに生産的にするのではなく、〈労働者のいない工場の出現〉という思いもよらないことを実現したのである。

ボード(▼10)とピアロー(▼11)は、産業部門における雇用衰退によって労働条件が影響を受けた度合いを調査した。一九九〇年代中盤、モンベリアール地域(▼39)において、この二人の研究者は「能力不足」を理由に就職できない若い労働者たちを追跡調査した。一九九〇年代後半に景気が

＊19 Luc Boltanski et Eve Chiapello, *Le Nouvel Esprit du capitalisme*, Paris, Gallimard, 1999.

▼39 モンベリアール (Montbéliard)
フランス東部、スイス国境近くの人口二万五千人強の街。一八九一年に自動車生産を開始した世界最古の自動車量販メーカー「プジョー」発祥の地。この街と周辺地域一帯はプジョーの企業城下町として歩んできたが、長期的な構造的不況のなかにあり、失業率は高い。

回復すると、産業部門の雇用は一時的に回復した。こうした若年層は、「きつい」職種、夜間勤務、賃金の高い職を選んだ。景気が回復している間、彼ら全員はまじめに働いた。しかしながら、新世紀初頭の景気後退により、全員が解雇されてしまった。工場が扉を閉ざす新たな世界で、彼らは突如として再び「就労不可能」に陥ったのである（＊20）。

＊20　同様の見解は、Robert Castel, *Les Métamorphoses de la question sociale*, Paris, Fayard, 1995.

LEÇON 2 *La nouvelle économie-monde*

レッスン 2

新たな経済と世界——グローバリゼーション

◆ 国際貿易と貧困国

先進諸国における〈産業社会の危機〉には驚くべき類似性があり、それは地球規模で観察できる。この危機は革命的な急変をともなっており、レイモン・アロン(▼1)の言葉を借りれば、産業社会において二つの可能性を体現してきた東西の陣営の衝突が、毛沢東(▼2)の死〔一九七六年〕からベルリンの壁崩壊〔一九八九年〕までの十数年の間に、突如として南北問題の対立に取って代わってしまった。南北問題は、中国、インド、旧ソビエト連邦諸国といった大きな人口を抱えた地域が、世界の資本主義のテーブルに着いたことによって浮き彫りになった。資本主義の内部変化をともなう、この凄まじい同時性をどうとらえるべきか。これは単なる偶然であるのか。また、何らかの論理に則したものなのだろうか。

まず、産業社会のダイナミズムの枯渇から「東側諸国」の危機を推論することが可能であろう。産業社会は、完全な計画統制化に適応する階級モデルに基づいていた。米国でさえ、ヘンリー・フォードはナチズムに魅了され(▼3)、ヒットラーは生産部門についてはフォード・モデル以

▼1 レイモン・アロン(Raymond Aron, 1905–1983)
フランスの社会学者、哲学者。第二次大戦前にドイツの社会学、現象学をフランスに紹介し、戦後はソルボンヌ大学、コレージュ・ド・フランスで教授を務めた。邦訳書に『現代ドイツ社会学』秋元律郎、河原宏、芳仲和夫訳(理想社、一九五六年)、『発展の思想——産業社会を考える三つのエッセイ』浜口晴彦訳(ダイヤモンド社、一九七〇年)、『変貌する産業社会』長塚隆二訳(荒地出版社、一九七〇年)、『レーモン・アロン回想録』三保元訳(みすず書房、一九九九年)など多数。

▼2 毛沢東(Máo Zé dōng, 1883–1976)
中国共産党の最高指導者として、抗日戦争、国共内戦を指揮。一九四九年、中国革命を勝利に導き、中華人民共和国の主席となった。

外、輸入しようとはしなかった(▼4)。そこで一九二九年〔世界恐慌〕以降は、この問題を逆に考えるようになった。すなわち、市場経済は計画経済と同じように機能するという考えに疑念が生じ始めたのである。ところが、西側諸国におけるケインズ主義の知的成功(▼5)は、敗れかけていたように思われた〈市場経済の計画経済に対する戦い〉に、再び大きな希望を与えた。産業社会に関するレイモン・アロンの一八のレッスンは、計画経済が優位に傾いていたように見えたバランスを均衡させる方法としても読むことができる(＊1)。

しかしながら、次に掲げる疑問が残っている。すなわち、〔ベトナム戦争が終結した〕一九七五年、地球上の圧倒的多数の貧困国が、市場経済よりも計画経済を好んだのはなぜか。この問いに対する答えは、各国の特殊事情を考慮してほしい、という貧困国の要求であろう。つまり、ロシアはインドではなく、インドは中国ではないということである。しかし、次に掲げる答えは、他のすべての答えを含有し、この一連の場面に対する見方を統合することができる。つまり、これらの国々はすでに一九世紀に起こった第一次グローバリゼーションを経験したが、大部分の国の場合、それは悲劇的な結果をもたらしたという事実である。これらすべ

▼3　ヘンリー・フォードは反ユダヤ主義を掲げるナチス党（国家社会主義ドイツ労働者党）の運動に賛意を示し、一九二二年、外国人初の資金提供者となった。

▼4　一九二九年に勃発した米国発の世界恐慌はドイツを直撃し、失業者が急増、社会不安が増大するなかで、ナチス党が急速に党勢を拡大した。ヒットラーは一九三三年に首相に就任すると、フォーディズムやソ連邦型計画経済を模倣し、安価な大衆車の大量生産や公共事業の拡充などによって、高失業率の解消とデフレからの脱却を図った。

▼5　一九三三年に発足した米国のルーズヴェルト政権は、政権発足直後から「ニューディール政策」を打ち出し、公共投資拡大による世界恐慌克服を図った。二次にわたるこの政策を通して、米国は福祉国家への変貌を遂げた。

ての国にとって、その教訓は同じであったに違いない。すなわち、国際貿易の影響は不平等であり、すでに金持ちとなった国にはさらなる繁栄をもたらすが、最貧国が最も進んだ先進国に追いつくことは、まったくもって無理であるということである。この第一次グローバリゼーションにより、これらの国々が独立する際に、別の道、すなわち保護主義を選択するべきだと確信させるに至らせた。第一次グローバリゼーションの最も際立った事実関係を手短に描写してみよう。というのは、これは始まったばかりの現代のグローバリゼーションに対する期待と脅威を例証することにもなるからである。

*1 『産業社会についての一八のレッスン』というレイモン・アロンの著作名から本書のタイトルの着想を得た。
Raymond Aron, *Dix-huit Leçons sur la société industrielle*, Paris, Gallimard, 1962.

◆第一次グローバリゼーション――一九世紀のグローバル化

一九世紀のグローバリゼーションと、われわれのグローバリゼーションの類似性には驚かされる。一番目の類似点とは大国の類似性である。すなわち、一九世紀にはイギリスが、現在の米国の手法を完全に先取りするやり方で世界に君臨していた。金儲け大国であるこの両国は、まずは自由貿易を世界中に広めようと邁進した。イギリスは、外国に対して政治力を輸出することにだけ興味を示す植民地大国ではなかった。まずは経済的利益を生み出すことに腐心することが、大国としての能力であると考えた。当然ながらイギリスは、経済的利益追求のために勢力バランスのコントロールをあきらめる必要はなかった。そこでイギリスは、中国やインドにおいて、まずはイギリス産業を優遇させ、市場開放を迫った。

一九世紀のグローバリゼーションと現代のグローバリゼーションとの二番目の類似点は、より根源的である。双方のグローバリゼーションとも、輸送・コミュニケーション技術革命に支えられたという点である(▼6)。インターネットは、マウスをクリックするだけで人と人を結びつけるわけではないにしても、少なくともコンピューター同士を接続することから、しばしばインターネット革命を唱える向きがある。しかしながら、この分野の本当の急変は、一九世紀のほうが強烈であった。

一八世紀後半では、人々はまだ隣の村まで徒歩で移動するのが普通であった。都市から三〇〇キロメートル離れたところまで手紙を出す場合、手紙が到着するまでに数日かかった。次に電信機の発明により、地上・海中ケーブルを通じてロンドンとボンベイ〔現ムンバイ〕を結ぶ情報は、

▼6　本書原著者は、蒸気船や電信技術の発展によって輸送・通信の所要時間が飛躍的に短縮された一九世紀を指して「第一次グローバリゼーション」と論じている。だが、輸送や通信に要する時間をひとまず考慮に入れなければ、それに遡る一五世紀以降の大航海時代における、ヨーロッパ人のアジア、アメリカ、アフリカ大陸へのおびただしい進出と全世界的な人口流動(移民および奴隷売買)、そして植民地から運び出された富のヨーロッパへの集中こそが「第一次グローバリゼーション」のはじまりであったと言うことは可能であろう。世界史を根底的に塗り替えることになるこの五〇〇年前の「グローバリゼーション」も、輸送・コミュニケーション技術の飛躍的革新に支えられたものであった。

二四時間以内に伝達されるようになった。

情報を交換するという革命的な能力に加え、陸上・海上輸送手段の発展が加わった。すなわち、鉄道にはじまって蒸気船の発展により、商品や人々の移動に情報のやりとりが加わったのである。一九世紀後半の最後の二五年間には、冷凍船によってアルゼンチンやニュージーランドの冷凍肉をヨーロッパに輸入できるようになった。

商品や情報の流通が一気に簡便になったことで、世界各地における一次産品の相場価格に隔たりがあることが露呈した。一九世紀中頃、シカゴ、ロンドン、ボンベイで提示されるそれぞれの小麦の相場価格にはまだかなりの開きがあり、場合によっては、その価格の開きは五〇パーセントにまで達することもあった。それが、第一次グローバリゼーションの幕が閉じようとしていた第一次世界大戦前夜の一九一三年には、相場価格の開きは一〇〜一五パーセント程度までになった。これはリアルタイムで他の地域の相場価格を知ることができるようになったと同時に、〔価格が〕安い地域で商品を買い付け、高い地域に輸送することができるようになったことを意味する(＊2)。

現代のグローバリゼーションを一九世紀のグローバリゼーションと比

＊2 Kevin O'Roorke and John Williamson, *Globalization and History*, Cambridge (Mass.), MIT Press, 1999.

較すると、現代のグローバリゼーションは少なくとも〈金融のグローバル化〉と〈国際的な移民〉という重要な側面では見劣りがする。一九一三年、ロンドンのシティでは、国内預金の五〇パーセントを外国に持ち出していた。フランスの場合では、国内預金の四分の一を外国に投資していた。これは現在の状況と著しくかけ離れた数字である。イギリスが一九世紀全般を通じてゆっくりと凋落していった過程について、歴史家はその原因の一部をシティにあると見ている。その原因とは、シティが国内投資よりも外国での投資を優先したため、過去の蓄積から生じる利益を国内に再投資してイギリス経済を活性化させるというダイナミズムを奪ってしまったことである。現在では、〔過去に〕アルゼンチン、カナダ、オーストラリアが恩恵を受けたのと同等の資金調達をできる新興国は存在しない（＊3）。

現代のグローバリゼーションに対して過去のグローバリゼーションが先行していたもう一つの側面とは、国際的な移民に関することである。現在、われわれは人の移動がこれまでになく自由な世界で生活している。出生国とは異なる国に居住している人々を移民とみなし、統計上単純にその人数を割り出した場合、一九一三年には世界人口の一〇パーセント

＊3　現在では、中国の黒字が米国の赤字を埋めているといったように、巨大勢力が新興国によってファイナンスされているという、パラドックスな状況にある。

が移民に相当した。現在、これと同じ基準で移民を統計的に割り出すと、移民の割合は世界の人口のたった三パーセントである。現在の移民の人数が世界の人口の三パーセントであるということは、かなりの人数であるが、地球上の人口割合で考えた場合、前世紀の三分の一弱である。

過去のグローバリゼーションと現代のグローバリゼーションとの隔たりを示す、もう一つのパラメーターとしては、契約の遵守ないし所有権の尊重が挙げられる。イギリス連邦に限れば、法律の統合に関しても、現在よりも過去の方が進んでいた。ボンベイで締結した契約はロンドンで締結した契約と同じ効力があった。多くの経済学者が現代のグローバリゼーションの問題点であるとみなしている点とは、部分的には外国で活動する多国籍企業の法的リスクに関するものである。繰り返し指摘するが、一九世紀にはより急速な統合が確認されていたのである(＊4)。

金融のグローバル化、契約の遵守、人口の移動またはコミュニケーション手段の導入による急変といった視点を含め、すべての面において一九世紀のグローバリゼーションは、現代のそれと比較してまったく遜色がないことがわかる。一九世紀のグローバリゼーションをかなり純粋な社会的実験の材料として扱うことで、歴史家、とくに政治家は、グロー

＊4　Daron Acemoglu, Simon Johnson and James Robinson, « The Colonial Origins of Comparative Development: an Empirical Investigation », *American Economic Review*, 2001, volume 91, p.1369-1401.

バリゼーションそのものの影響について考察することができる。こうして、最も裕福な国から最も貧しい国に向けて経済的繁栄を拡散させることは不可能であるという、じつに単純な結論が導き出せる。実際、一九世紀を通じてわかったように、グローバリゼーションは世界の不平等を恐ろしいほどまでに拡大した。

この〔世界の不平等拡大の〕進展を最も代表する例を引き合いに出すと、一八二〇年、イギリスは〔すでに〕インドよりも一人あたりの計算で二倍裕福であった(*5)。しかし、第一次グローバリゼーション終焉間近の一九一三年には、所得格差は一対二から一対一〇へと拡大した。すなわち、金持ちと貧者との富の格差が五倍になったのである。富める国と貧困国との格差拡大とは反対に、この同時期、富の集中の過程が、一方ではイギリス、他方では保護貿易主義路線を採用したにもかかわらずフランスやドイツをはじめとする他のヨーロッパ大国の間で起こった。

こうして「第三世界」となってしまった国々は、この長い一連の出来事から(▼7)、〈国際貿易は貧困国を豊かにするものではない〉というシンプルな教訓を得た。こうした国々は、独立を果たして貿易政策について自ら決定できる立場になると、真っ先に保護貿易主義を国家の優先的

*5 Angus Maddison, *The World Economy, A Millennial Perspective*, OECD Development Centre, 2001. Paul Bairoch は一八二〇年の格差について、さらに小さい数字を主張していたが、Maddison はこれを見直した。

▼7 実際には、一五世紀以来の大航海時代にはじまる数百年間にわたる、圧倒的不平等な国際貿易による〈富の集中〉と〈格差拡大〉という「長い一連の出来事」である。

政策とした。こうして〔第二次〕大戦終戦後から長年にわたって、国際貿易における第三世界の役割は低下した。国際取引に占める貧困国の割合は、一九五五年の二八パーセントから一九七二年には一四パーセントに低下した。一方で、世界の人口に占めるこうした国々の割合は増加し続けた。

しかしながら、この二〇世紀の教訓は、現在ではあまり有望なものではない。保護貿易主義路線を選択すること、また、国際資本主義が供給する資金を絶つことは、貧困国が豊かな国に追いつくために有利な条件とは言えない。それは貧困国にとって、他の国々によって生み出された新知見を〔獲得する機会が〕奪われることになり、自前での開発を余儀なくされる。結局は、すでに乗り越えなければならないハンディキャップに、新たなハンディキャップを加える結果となってしまう。豊かな国と貧困国との一人あたりの富の格差は、一九世紀に縮小することはなかったが、二〇世紀においても縮小することはなかった(＊6)。

こうして保護貿易主義を推進するコンセンサスは徐々に低下していった。一九八〇年代、とくに一九九〇年代からは、貧困国はさまざまな形で国際貿易路線に復帰した。二〇〇一年には、先進国と貧困国との間の

＊6　Maddison の数字によれば、毛沢東の死の直前である一九七三年には、中国人の所得はイギリス人の一四分の一であった。一八二〇年では三分の一、一九一三年では九分の一であった。

▼8　デヴィッド・リカード(David Ricardo, 1772–1823)イギリスの経済学者。アダム・スミスの理論を継承、体系化し、古典派経済学の完成者と呼ばれる。自由貿易を擁護し、自身も実業家として多くの財をなした。主著『経済学および課税の原理』(岩波文庫ほか)をはじめ、『農業保護政策批判』(岩波

貿易が、先進国同士の貿易をはじめて上回った。新興国が横並びで参加する新たな国際分業体制が形成された。では、これはいったい、どんな体制なのであろうか。

◆国際分業体制への回帰――〈中心〉と〈周縁〉

現代の国際分業体制を形成する力学を理解し、これを一九世紀の力学と比較するためには、分業に関する理論の根本に立ち戻ることは無駄ではないであろう。この分野に関する出発点とは、一九世紀の初頭にイギリスの経済学者デヴィッド・リカード(▼8)が提唱した理論である。

リカードの理論〔比較生産費説〕(▼9)とは、アダム・スミスの有名な著作『国富論』によって展開された理論と同じ枠組みを拝借したものである。市場が、スミスの理論の場合では個人を、リカードの場合では国家を、他者よりも比較優位(▼10)にある仕事に特化させる。この場合、他者よりも絶対優位(▼11)にある仕事を選択する必要はない（さもなければ多くの労働者が路頭に迷うことになるであろう）。しかしながら、自分自身でおこなう仕事は、他者よりも比較優位にある仕事でなければならない。スミ

文庫）など邦訳書多数。

▼9　比較生産費説
リカードが主著『経済学および課税の原理』のなかで提唱した国際分業（貿易）の理論。資本と労働の移動が自由ではない二国間において、双方が比較優位(▼10)をもつ財の生産に特化し、それぞれが特化した財を貿易によって相互に交換すれば、貿易当事国は双方とも利益を得、より多くの財を消費でき、国民的労働を節約できるとする。

▼10　比較優位
貿易当事国間において、相対的にみてどちらの財をより効率的に生産できるかによって、双方の相対的な優位性を示す。

▼11　絶対優位
国家間の競争力の比較において、価格の水準で比べ、低価格生産ほど競争力があるとみる。

スは、パン屋を営むか靴の修理屋を営むのかを単純な計算によって選択できると考えた。つまり、自分の職業上の能力、生まれつきの才能や受け継ぐ金融資産などを考慮に入れて、どの職業が自分にとって最も「実入りが良いのか」だけを考えればよい。スミスによれば、これは必ずしも厳密に金融的な視点によるのではなく、職業にともなう快楽や苦痛といった、より一般的な視点から、最も実入りが良い職業を選べばよいのである。

アダム・スミスの主張する市場経済の特性とは、パン屋ではなく靴の修理屋を選択した場合、パンが不足する事態に陥るのではないかと懸念することなしに、各個人はこうした計算を個々におこなえばよいという。アダム・スミスの最も有名な文句に次のようなものがある。「市場経済においてパンが手に入ると期待できるのは、パン屋の善意からではなく、パン屋自身の利益がその理由である。パン屋の善意だけでは、パンの消費者を危機に陥れるであろう」。アダム・スミスの近代性とは、他者から見た各個人の依存関係は、匿名性のある市場の力によって支配されており、こうした社会でわれわれは生活しているのだという可能性を唱えた点にある。確かに、市場という制度はそれまでにも存在していたが、当時は市場が社会の基本的役割を担うことができると考えた者はいなかった。そして市場は、実際に基本的な役割を果たすようになったのである。

リカードは、個人にとって正しい論証は国家にとっても正しいと考えた。これは、リカードが自由貿易の推進を擁護する際に用いる、個人と国家の単純な類似性に基づいた理論である。すなわち、国際貿易により、各国は他国よりも比較優位にある活動や産業分野に特化することができる。国際貿易とは、個人にとってそうであるように、国家にとっても富を生み出す要因の一つになるという理論である。

われわれはこの理論によって、一九世紀に目撃することになる恐ろしいまでの貧富の格差拡大(▼12)を理解することができるであろうか。確かに、技術進歩という追加的な仮説を立てるうえで、この理論を除外することはできない。しかし、パン屋と靴修理屋との比較を続ける限り、リカードの理論は世界的な貧富の格差拡大を予見していなかったと言ったほうが妥当である。確かに、この二つの職業の選択で悩んでいる人が、誤った選択をする可能性も十分にある。例えば、人々がこれからは裸足で歩こうと決意したときに、または新しい機械が導入されてこの機械が

▼12　ちなみに、一九世紀よりもはるか以前、ヨーロッパ人がアメリカ大陸に進出した直後の一六世紀の時点で、ヨーロッパ人による〈恐ろしいまでの〉富の略奪の所業を〈目撃〉し、それを告発した人物の著作として、カトリック司教ラス・カサスによる『インディアスの破壊についての簡潔な報告』（岩波文庫）が知られている。

靴を製造することになったときに、靴の修理屋になろうと決意した場合である。仮に、このような理由で靴の相場価格が崩壊した場合、靴の修理屋は職業の選択を後悔することになる。しかしながら、次の世代では靴の修理屋という職業は珍しくなり、再評価されて調整されることになるであろう。自然なレベルに向けて価格が収斂する「重力」に関するアダム・スミスの論証は、このプロセスの説明を狙ったものである。しかし、国家が国際貿易という理由だけで、継続的に他国よりも相対的に貧しくなることを、この論証に則して理解することは困難である。

というのは、前述のように、イギリスとインドの貧富の格差は一九世紀を通じて五倍に拡大したが、これは自由貿易協定と関連があったからである。リカードの理論にある弱点をどのように理解すればよいのか？では、この問いに答えるために、この問題を現代風にアレンジして考え直してみよう。今、私は数学者になるかテニス・プレーヤーになるかで迷っている。これは統計的に考えて、ありそうもないケースであり、実際のところ私はこの二つの選択肢に関心はないが、この想定は理論的に重要である。ところでこの場合、二つの戦略が考えられる。一つ目の戦略としては、私の職業選択に関しては、コインを投げて運に任せて決め

▼13 ジャン・ビュリダン(Jean Buridan, 1295?–1358?)
一四世紀のフランスの自然哲学者、論理学者。パリ大学学長。神学の学位を取らず、どの教団にも属さなかった。健全な経験主義を方法論として用いた。

るやり方である（これでビュリダン（▼13）のロバの運命（▼14）は避けられる）。もう一つは、二つの職業を同時にこなす戦略である。例えば、午前中には数学者として、午後にはテニス・プレーヤーとして活躍するのである。この選択は一つの職業にとどまる単調な生活に変化をもたせることができる……。

厳密にリカード的な視点からみれば、これでは演繹的に答えを導き出すことはできない。しかしながら、現実的な感覚から、同時に二つの職業をこなすことは、良い選択肢でないことは即座にわかる。強いテニス・プレーヤーになるためには、朝から晩までラケットを振り回さなければならないであろう。同様に、優秀な数学者になるためには、完全に学業に身を投じなければならないであろう。同時にこの二つをこなそうとする場合、凡庸な数学者で、下手くそなテニス・プレーヤーになってしまう可能性が高く、どちらかの職業に特化した者と比べ、著しく見劣りがすることになる。ところで、ほとんどの経済活動には、経済学者が「規模の生産性」と呼ぶ要素が存在する。すなわち、生産量が増えると、より生産性が高まるという法則である。専門能力を発揮するために大型投資に踏み切らなくてはならない場合、最も大きな市場、または、でき

▼14　ビュリダンのロバ
空腹のロバを、二つの同じ大きさの藁のかたまりからちょうど等距離に置くと、どちらに向かうべきかがわからなくなり、選択できずに飢え続けて死に至る、という実際にはありえない例示。ビュリダン自身が、自らの著作でこの寓話を記したものではない。〈理性がより良いと認めない限りは意志は選択できない〉というビュリダンの「意志決定論」に異議を唱える批判者が、意志は外的な物理的条件によってのみ決定されるのではなく、実際には自由意志によってどちらかを選択するものである、ビュリダンの理論からは経験に反する帰結が生じている、とビュリダンに対する反論として提示した例示だと考えられている。

る限り長いスパンでこの大型投資を償却していくことが望ましい。

ゆえに、第一番目の戦略（コインを空中に投げる）が正しい。私がどちらにするか迷っていた二つの職業のうち、そのどちらかに特化して取り組んだほうがよいのである。たとえリカードの理論によって専門化は無駄であると事前に判断された場合においてさえ、専門化は必要なのである。以上は、アダム・スミスが主張した分業の根拠であるが、国際間・地域間貿易でこれを適用した場合、リカードの理論が想起する結果とは著しく異なったものになる。当初、まったく交流のなかった二つの地域を想定してみよう。一方の地域は、豊富な初期投資（「原始的蓄積」）のおかげで豊かである。すなわち、この地域にはたくさんのインフラ設備が完備されており、労働者の教育レベルは高い。もう一方の地域ではこれらが不足しており、貧しい。そこで、この二つの地域の間で貿易が始まると、どのような力学が作用することになるであろうか（＊7）。

最も豊かな地域には新たな市場が提供され、新たな市場に参入することで、この地域はさらに豊かになるであろう。つまり、この地域はさらなる規模の経済を享受することができる。では、貧しい地域はどうなるのか。豊かな地域には豊富な商品や人材が溢れかえっているが、貧しい

＊7　Paul Krugman and Tony Venables, «Globalization and the Inequality of Natoins», *Quarterly Journal of Economics*, 110, 1995, p.857-880.

▼15　フェルナン・ブローデル（Fernand Braudel, 1902-1985）

フランスの歴史学者。一九五六年、アナール学派の雑誌「アナール」の編集責任者に就任。歴史学を広義の社会科学と位置づけて諸学問分野の交流を唱え、歴史叙述に経済史や社会史の視点を持ち込んだ。歴史過程における経済的、地理的条件の果たす役割に注目し、日常的生活世界を基盤に世界史的視野で相対的に歴史を把握する方法論を提唱、後の歴史学に大きな影響を与えた。コレージュ・ド・フランス教授などを歴任。主著『フェリペ二世時代の地中海と地中海世界』（邦題『地中海』浜名優美監訳、藤原書店、一九九一—一九九五年）のほか、『物質文明・経済・

地域では限られた数の活動にしか特化できない。こうして富の偏在が固定化する。フェルナン・ブローデル(▼15)の類型学を踏襲すると、〈豊かな中心地域〉と〈貧しい周辺地域〉との対比が固定化されることになる(▼16)。

中心地が豊かであるのは、中心地が専門化しているからではなく、その各構成員の専門化にとって好都合な場所であるからだ。中心地自体は、さまざまな活動が共存できる場所である。例えば、医者、理髪師、自動車修理工、情報処理技術者など……。反対に、周辺地域においては、特化できる職業の数は限られている。それは、例えば陶磁器や織物の製造などの、極度に専門化された、大都市に対抗しうる経済活動である。しかし、これは多様性を失うことを意味し、究極的には大きな脆弱性を負うことになる。というのは、他の貧しい地域が同じ経済分野への特化を選択することで、最初の地域はすべてを失うリスクにさらされることになるからである。

ゆえに、浮かび上がってくる構図とは、リカードが想起した〈全員の最大幸福のために、各地域が専門化する〉といったようなものではない。リカードのイメージとはまったく反対に、非常に専門化された他の周辺

資本主義』(みすず書房、一九八五—一九九年)、『歴史入門』金塚貞文訳(太田出版、一九九五年)など邦訳書多数。

▼16 〈中心〉と〈周縁〉
資本主義の世界システムを〈中心〉と〈周縁〉の二極化した構造と把握し、〈周縁〉部の貧困は〈中心〉部による富の収奪によって人為的につくり出された「低開発の開発」である、すなわち〈中心〉と〈周縁〉はコインの表裏の関係にあり、前者の経済的繁栄が後者の経済的困窮をもたらしていると論じたのは、一九六〇年代にマルクス主義の立場から「従属理論」を唱えた従属学派である(サミール・アミン『不均等発展——周辺資本主義の社会構成体に関する試論』西川潤訳、東洋経済新報社、一九八三年、アンドレ・G・フランク『世界資本主義と低開発——収奪の《中枢-衛星》構造』大崎正治他訳、柘植書房、一九七六年、ほ

地域との競争に脆弱な〈貧しい地域〉と、貿易の浮き沈みから保護された多機能型の〈中心地域〉という非対称的な構図が浮かび上がってくる。

こうした力学は、鉄道が突如としてフランスの地方間のコミュニケーション・コストを削減した一九世紀に観察された状態とまったく同じである。ル＝ロワ＝ラデュリ（▼17）の表現によれば、フランスは「満杯の状態」になった。農業国フランスでは、フランス全土で耕作可能な場所は、狭い土地であっても活用されることになった。電気が小規模の職人たちに大きな期待を抱かせたように、鉄道は辺鄙《へんぴ》な地域の人々に大きな期待を抱かせた。鉄道は僻地と大都市とを結びつける。つまり、交通のアクセスが確保されることによって、大都市の市場で彼らのモノの売買が急速に増加するはずだと彼らは考えた。

ところが、経済学者が指摘するように、鉄道は二つの方向性で機能する。すなわち、鉄道により、大都市の製品が村や集落に押し寄せ、人里離れた地域を不安定に陥れると同時に、この地域に住む労働者の〔都市への〕流出を引き起こす。経済地理学を専攻する理論家の表現を用いるのであれば、「集積効果」が「分散効果」に打ち勝つということになる。つまり、累積していく図式が始動するのである。労働者に選択肢がある

か参照）。米国の社会学者イマニュエル・ウォーラーステインは、ブローデルらアナール学派の歴史研究との接近のなかで、これを発展させて〈半周縁〉などの概念を導入したうえで「世界システム論」を提唱した（『近代世界システム』川北稔訳、岩波書店、一九八一年、『史的システムとしての資本主義』川北稔訳、岩波書店、一九八五年）。

▼17 エマニュエル・ル＝ロワ＝ラデュリ（Emmanuel Le Roy Ladurie, 1929–）フランスのアナール学派の歴史学者。ブローデルのもとで雑誌「アナール」の編集陣に加わり、ブローデルの後を受けてコレージュ・ド・フランスの歴史学教授となる。邦訳書に、『新しい歴史』樺山紘一訳（新評論、一九八〇年）、『ジャスミンの魔女』杉山光信訳（新評論、一九八五年）、『ラングドックの歴史』和田愛子訳（白水社、一九九四年）など多数。

場合、彼らは高賃金を求めて貧しい地域を離れるであろう。こうして人々は裕福な地域で働くことになる。投資もこうした地域でおこなうほうが有利であることから、貧しい地域は活力を失っていく。なぜならば、豊かな地域では、生産性の高い経済活動を可能とするインフラ設備が完備されているからである。

◆ニュー・エコノミーと世界——「非物質的な財」の生産

では、この構図に従って、国際分業をどう理解したらよいのかを論じてみよう。

有名なバービー人形は、現代の国際貿易の性格を端的に具現している。人形のプラスチックや髪の毛といった一次産品は、台湾製や日本製である。人形の組み立ては、インドネシアや中国といった人件費の安いところに移動する以前は、フィリピンでおこなわれていた。鋳型は、販売前の最後の仕上げであるペイントと同様、米国製である。これは、これまでの産業部門の専門化（繊維業界や自動車業界における産業部門の専門化）ではない。この専門化とは、ある特定の製品を製造するために、各国が従事する作業を対象としたものであり、この「生産の垂直的非統合」とは、前章〔〈レッスン1〉〕で分析したフォーディズムの国際的な分割以外の何物でもない（＊8）。

ゆえに、一九九〇年代に浮上した〈急変〉の影響力を把握するためには、財の価値連鎖がゆがんでいく過程を分析して、産業部門間の対立を考えていくことが有用である。こうした観点から、ナイキのスポーツシューズの例は典型的である。

ナイキのエアペガサスというスポーツ・シューズを例に考えてみよう。このモデルは、米国では七〇ドルで販売されている。では、価格構造を順に追ってみよう。まず、このシューズを製造する労働者の賃金（多分、労働者は女性であろう）は、二・七五ドルである。この低賃金は許せない不平等貿易の表れである。このような高価な財を製造する労働者の賃金が、どうしてこんなに安いのであろうか？　それは、その後に発生するコストがその答えである。まず、ナイキのシューズの製造コストとは、労働コストだけではない。皮、繊維生地、製造機械といったコストに加え、輸送費や関税コストが発生する。こうした諸経費を加算すると一六ドル程度になる。以上が、ナイキのシューズがロサンゼルスに到着する

＊8　Robert Feenstra, « Integration of Trade and Disintegration of Production in the Global Economy », *Journal of Economic Perspectives*, American Economic Association, 1998, vol.12(4), p.31-50.

までに、ナイキが支払うコストである。

この原価に加えて、ナイキが〈物理的物体〉を〈社会的物体〉に変質させるためのコストがかかる。つまり、〈人々が欲しがるナイキのシューズ〉に変身させるのである。この部分こそがナイキの企業活動の中核である。世間にこのシューズを認知させ、消費者の購買意欲を高めるために広告宣伝費を投じ、有名なスポーツ選手にこのシューズを履いてもらい宣伝するなどして、世界中のテレビ視聴者を〈このシューズを履きたくなる気分〉にさせる必要がある。これらのコスト全体は、物理的物体を製造するためにすでに要したコストとほぼ同額になる。こうしてシューズのコストは二倍に跳ね上がる。すなわち、製造費と宣伝費を合算して約三五ドルとなる。

この段階で、シューズの総コストの半分は説明がついた。すなわち、〈物理的物体〉としてシューズを製造するコストは、これを〈社会的物体〉として人々に買いたいと思わせるコストと同額であることがわかった。では次に、消費者に届くまでにどうして三五ドルが七〇ドルになるのであろうか。この理由は簡単で、実際に消費者の足元にこのシューズが収まるまでに必要な諸経費の支払いが残っている。つまり、流通諸経費である。

〈イントロダクション〉でポスト産業社会の概要を示したように、このコスト構造により、ポスト産業社会の輪郭を明確に描いた構図が浮かび上がってくる。すなわち、上流部門でのコンセプト作りと下流部門での詳細な指示が、豊かな国の経済活動の中核になっているということである。その中間にある製造段階は本質的な部分ではなくなり、外部化も可能になった(＊9)。新たな国際分業体制では、豊かな国は〈非物質的な財〉を販売する一方で、〈物質的な財〉を購入する傾向にある。財の詳細な指示とは討議であり、当然のこととして国際貿易の危険からは保護されている。

国際貿易の新たな理論においては、豊かな国は規模の生産性が最も高い生産区分を独占することになる。ナイキのケースでは、世界中の人々がこのシューズを欲しがるように仕向けるために、ワールドカップの決勝戦の夜に、ナイキがスポンサーとなったチームが、前述のスポーツシューズを履くだけで十分なのである。一一人のプレーヤーに対するスポンサー代を支払うことで、地球規模の収益を瞬時に生み出すことができる。あえて言うのであれば、同様に新しいワクチン開発にかかるコスト

＊9　近年における研究（例えば、É.Maurin, D.Thesmar et M.Thoenig, «Mondialisation des échanges et Emploi», CREST, 2001）によると、国際貿易に関わる企業は、ビジネス管理・展開を優先するために、厳密な意味での製造活動を削減する傾向にあるという。

は固定的であり（研究開発コスト）、開発されたワクチンは、地球規模でほとんど支出なく有効に利用できる。受益者全体が大きくなればなるほど、研究費の償却はさらに楽になるであろう。産業化時代との差異はこの点に現れる。というのは、産業化時代には、コストの主要な部分とは、車を買ってもらうように消費者を説得することよりも、車をできる限り安いコストで製造することにあったからである。

途上国のおもな問題点の一つとは、将来的に彼らもコンセプトの立案やデザインといった〈非物質的生産〉に参入することができるのであろうかという点にある。しかし、こうした進化は、途上国にはまったく保証されていない。メキシコは米国の下請け業者として一人前になったが、米国と競合する中心国となるまでには至っていない。かつて雇用の主要部分はメキシコ・シティにあったが、メキシコ人たちは次第に米国との国境沿いの山間部にあるマキラドーラ(▼18)と呼ばれる工場で働くために移住していった。そこで彼らは、北米〔米国〕の人間が発する命令に服従した。メキシコは他の周辺国との競合を強いられる周辺国としてグローバリゼーションの負の側面を味わい、命令を下す国の戦略変更という脅威に終始さらされることになったのである。

▼18　マキラドーラ制度（maquiladora de Exportación）
製造する製品の一〇〇パーセントを輸出する工場が原材料や部品などを輸入する場合に、その原材料等の輸入関税を免除する優遇措置。一般にメキシコの制度を指すが、他のラテンアメリカ諸国でも同様の制度がある。一九六五年以来、メキシコ政府は雇用対策として米墨国境地帯をその対象地域に指定し、外国企業（とくに米国企業）を誘致してきた。この制度を用いてメキシコに進出した企業の工場は「マキラドーラ工場」と呼ばれ、安い労働力と緩い規制を利用して、長年にわたり米国向け輸出製品の生産拠点として重要な役割を果たしてきた。

　これとは逆に、中国は穏やかな外見を装いながら新たな主要都市を開発していった。こうした都市開発は、中国の大国としての特性の付与を狙ったものである。中国モデルとは、日本モデル以外の何物でもない。日本モデルにより、経済成長という要因によって「原始的蓄積」を自国で組織するという条件でグローバリゼーションの恩恵をこうむることができるということが証明された。過去の日本のイメージに似せて、中国の貯蓄率は現在、著しく高く、なんと五〇パーセント近くもある！　子どもの就学率にも傑出したものがある。また、中国人の非識字率は二〇パーセント未満である。中国は、国際分業では経済的繁栄を実現できないという教訓を一九世紀から学んだ。つまり、国際分業とは事前に自ら努力する国だけに役立つのである。インフラ設備が不十分である国、国民の教育水準が低い国、公衆衛生上の問題を抱えている国などにとって、多国籍企業の存在はあまり役に立たない。というのは、多国籍企業は、どこか他に都合のよい場所があれば、そこに移動して操業するだけだからである。

◆グローバル化というイメージがグローバル化する

グローバリゼーションが物質的繁栄を貧困国全体にもたらしていないとしても、そのイメージは伝播している。現代のグローバリゼーションとこれまでのグローバリゼーションには根本的な違いが存在する。すなわち、現代のグローバリゼーションは、誰でも世界を見渡すことができるが、往々にしてその当事者として参加することはできないのである。

現代のグローバリゼーションと、ブローデルが〈中心地〉と〈周辺地域〉の組み合わせで語ったグローバリゼーションのあり方には、非常に重要な違いが存在する。かつては、ベニス、ジェノバ、アントワープ、アムステルダム、ロンドンなどの中心地から物理的に遠ざかることは、時代まで過去に遡ることを意味した。経済的繁栄だけでなく、生活の刺激までも後退した。周辺地域では、人々は都会から離れることで、あたかも時の流れがゆっくりと流れる一昔前の生活を過ごしていた。大部分の場合、「現代生活」の刺激は周辺地域では未知の現象であり、無縁な出来事であった。

現在、この隔たりの様相には変化が生じている。中心地からやって来るイメージの拡散は世界的現象である。世界中、電気さえ通っている村であれば、中心地のイメージと無縁でない。これはこれまでにない様相である。一日二ドル以下で生活する貧困層は世界の人口の半分に相当し、彼らは豊かな世界に属するものを奪われている。しかし、豊かさに対する憧れは、貧困層の脳裏にも植えつけられている。

しかし、この期待と現実の落差はすべてが〈悪〉というわけではない。例えば、これは人口問題、つまり女性の多産問題に大きな影響をおよぼしている。物質的条件が不変であったとしても、グローバリゼーションのイメージがどのように女性のライフスタイルを実際に変化させたかについて観察してみよう。

途上国の人口爆発については非常によく知られている。これは論争の的になっている。こうした現象を裏づける数字をいくつか並べると、イスラーム教徒の国であるエジプトでは、一九一三年に一三〇〇万人であった人口が現在では七〇〇〇万人になり、二〇二五年には一億人にまで達するであろうと言われている。熱心なカトリック教徒が多いブラジルでは、一九五〇年に五〇〇〇万人であった人口が現在一億五〇〇〇万人にまで増加した。インドの人口は、二〇世紀の初頭から終わりまでの間に、三億人だったのが一〇億人以上に増加した。

しかし、高い合計特殊出生率（▼19）から低い合計特殊出生率へと人口動態が変化している。高い合計特殊出生率の定義は女性一人あたり六人以上の子どもを出産することであり、低い合計特殊出生率とは女性一人あたり二・一人の子どもを出産することである。ちなみに、二・一人は現在の人口規模を維持するための限界値である。

ところで、この人口動態の変化のスピードはきわめて速い。少子化傾向は文明間の国境をいとも簡単に飛び超えた。再びエジプトの例を挙げると、一九五〇年に女性一人あたりの子どもの数は七人であったが、現在では三・四人である。このペースで進行した場合、人口が増え続ける傾向は二〇二五年までであろう。イスラーム教国で最大の人口を誇るインドネシアの場合、一九五〇年には女性一人あたり五・五人の子どもを出産していたが、現在では二・六人であり、人口の増加現象に終止符が打たれるのは間近であろう。インドにおいても同様の傾向にあり、同時期に、女性一人あたりの子どもの数は六人から三・三人に低下している。

国連が発表した予測によれば、世界全体の人口の増加傾向は、遅くと

▼19　合計特殊出生率
人口統計上の指標。ある年次の年齢別出生率をすべての年齢にわたって合計して、生涯平均産児数を推計する統計方法。

も二〇五〇年までには終止符が打たれ、その後、世界の人口は減少し始めるであろうとのことである。一〇年ごとに女性一人あたり平均して一人の子どもを「失う」ことになる。また、女性一人あたり二・一人の子どもを出産するという傾向を維持できる保証は一切ない。平均して子ども二人という、現在の豊かな国の家族モデルを夫婦が選択した場合でも、現在の人口規模を維持するレベルにまで達しないことは十分に考えられる。というのは、すべての女性が結婚〔あるいは出産〕するわけではないからである。現在、われわれはこうした状態にまで至っていないが、かなりのスピードでこの方向性に向けて進むことになるだろう。

少子化傾向は、世界中で一般的となったかに思えるが、アフリカは例外である。世界で最も貧しいアフリカ大陸では、女性の合計特殊出生率は現在でもきわめて高い。現在、アフリカ人女性一人あたりの子どもの数は六人である。しかしながら、アフリカ大陸においても、人口動態の変化が観察できる。というのは、一〇年前のその数は七人であったので、アフリカにおいても少子化傾向が始まっていると考えられるからだ。また、アフリカと同様、パキスタンも他のイスラーム国と並んで、しばしば少子化傾向を確認しづらい反例となる国である。

▼20 ゲーリー・ベッカー(Gary Stanley Becker, 1930–)
米国の経済学者。シカゴ大学教授。教育や犯罪、差別など広範な社会問題の分析にミクロ経済学の理論を応用した実績により、一九九二年にノーベル経済学賞を受賞。多方面にわたる発言は、米国の世論に強い影響力がある。邦訳書に『人的資本——教育を中心とした理論的・経験的分

少子化が世界中で進行する原因とは何であろうか。経済学者の人口推移についてのお決まりの説明は、子ども養育のための機会費用が増大しているというものである。女性にやりたいことが増え、職業に就いて経済的に自立すると、子どもに対する社会的需要は減るということなのか。ゲーリー・ベッカー(▼20)によると、こうして好循環が始まるという(＊10)。つまり、子どもの数が少なければ、しっかりと子どもの世話ができるようになり、親たちは、子どもに教育を与えながら彼らのためにより明るい将来を準備する努力を惜しまなくなるという。

現在の人口推移のパラドックスとは、生活の物質的条件がほとんど変化していない地域でさえ、少子化が確認できることである(＊11)。田舎であろうと、都会であろうと、女性が就労していようと、専業主婦であろうとも、また、しばしば初等教育が十分に普及する以前の段階の地域においても、少子化が確認できる。

こうした傾向に対して国連は、全地球上の女性たちはテレビを通じて西洋の女性たちのライフスタイルに接しており、これが彼女たちを魅了しているからだと解説している。彼女たちはこうしたイメージを抱くことによって、自分たちが生活する世界とは物質的にかけ離れている世界

析』佐野陽子訳（東洋経済新報社、一九七六年）、『経済理論――人間行動へのシカゴ・アプローチ』宮沢健一、清水啓典訳（東洋経済新報社、一九七六年）など。近年の書物としては『ベッカー教授の経済学ではこう考える――教育・結婚から税金・通貨問題まで』鞍谷雅敏、岡田滋行訳（東洋経済新報社、一九九八年）などがある。

＊10　Gary Becker, *A Treatise on the Family*, Chicago, Chicago University Press, 1981.

＊11　人口の推移は、物質的進化という出来事よりも心理的なものに影響される、という仮説を裏づけるものである。次を参照。Hervé Le Bras et Emmanuel Todd, *L'Invention de la France*, Paris, Hachette 1981. しかしながら、なぜ現在、多くの国で人口推移の急変が同時に起こっているのかを解明しなければならない。

に入り込むことになる。まるでその世界に移り住んだかのような振る舞いを促すためには、これで十分なのである。ブラジルにおいてテレビは、ついに家族計画を阻止することに成功した教会よりも、はるかに影響力がある。

これは人類史上、最も重要な転換点に達した人口問題に対して、〈ヴァーチャルなグローバリゼーション〉と〈現実のグローバリゼーション〉との隔たりが生み出す効果の実例である。この隔たりは、豊かな国と同様に貧困国にとっても、現代社会に大きな問題を生じさせている。つまり、〈社会的調停がほとんど機能しない時代〉において、〈生活する世界〉と〈期待する世界〉との整合性を、どのように取ったらよいのであろうかという問題である。

◆世界の争点となる問題とは——多極化する世界

二〇五〇年までに地球規模では人口の増加傾向に歯止めがかかるといっても、人口はしばらくの間、増加する。現在から二〇五〇年までの間に、世界の人口は貧困層を中心として五〇パーセント以上増加するであろう。

現在、地球の人口は六〇億人であるが、その内訳は、一〇億人の金持ち、二〇億人の金持ちになりたいと希望している金持ち予備軍、一日二ドル以下の生活を強いられている三〇億人の貧困層である。二〇五〇年には、地球の人口は九〇億人に達するであろう（その後は、減少すると見られている）。その内訳は、二〇億人の金持ち、二〇～三〇億人の金持ち予備軍、かなりの貧困に喘《あえ》ぐ四〇～五〇億人の貧困層である。

この数値が意味するところは、二〇五〇年には今の世界が抱えている難問が倍増するであろうということである。すなわち、金持ちの人数は、おそらく現在よりも二倍に増えることで、著しい環境問題を引き起こすであろう。また、相変わらず貧困層は存在し、その人数はおそらく現在よりも増加すると思われる。これは貧富のアンバランスが圧倒的であり続けることを意味する。

世界の〔危機〕管理において、こうした事態は困難であり、緊急の課題である。環境問題はとくに重要な課題である。中国やインドにおける現在の消費形態の拡大に対し、地球環境は対応できない。この分野でコンセンサスをつくり上げることのできる人物は登場するのであろうか。

現在の世界は多極化構造に向かっている。米国、ヨーロッパ、日本を基軸にして、すでにインドと中国という地域覇権を握る新たな候補が誕生している。そして、これらにアフリカ、中東、ラテンアメリカ、さらにはロシアが加わる。ハンチントン(▼21)が描いた構図とはまさにこの点であり、西洋が長期にわたって経済的繁栄を独占し続けることはないであろうと予測している。近い将来の世界像とは、一九世紀のヨーロッパのように、イギリスを抜くためのフランスとドイツの競争が二〇世紀の大変動の準備段階となったような時代になるのではないだろうか。多極化する世界では必然的に不安定となるリスクが高まる。こうしたリスクを避けるためには、多国間の秩序を創り出し、世界の急変に備えて紛争を解決することのできる合法的な制度機関にこれを付与するしか方法はないのかもしれない(*12)。

将来の道筋ははっきりしている。地域ブロック化するであろう状態を平穏に保つために、「正義」の多国間システムを機能させ、このシステムに今後、合法性を十分にもたせるか、あるいは、脆弱で競争の激しい状態を放置し、例えば、一次産品の調達をめぐって地域間の緊張が高まる危険な状態を容認するかである。こうした点に関して国家間の敵対関

▼21　サミュエル・ハンチントン(Samuel Huntington, 1927–2008)米国の保守的な政治学者。ハーバード大学教授。一九九六年刊の『文明の衝突』(鈴木主税訳、集英社、一九九八年)において、「イスラーム原理主義対西欧文明」など、共存を拒否する文明圏の対立の構造として世界情勢を描き、世界的に話題となった。『引き裂かれる世界』山本暎子訳(ダイヤモンド社、二〇〇二年)、『分断されるアメリカ』鈴木主税訳(集英社、二〇〇四年)ほか邦訳書多数。

*12　Jacques Delors および Kemal Dervis は、巨大国際機関の事務局長を任命する権限をもつ〈経済安全委員会〉の設置を提案した。この委員会は、世界貿易機関(WTO)、世界保健機構(WHO)、国際労働機関(ILO)、また自然環境保護のために新たに設立される機関の規範のバランスに注視する責任を負うこ

係にまで至った経験をもつヨーロッパ人は、世界にメッセージを発信できる。はたしてヨーロッパ人はこの役割を果たすのであろうか。

◆むすび——肥大し続ける〈分断〉

グローバリゼーションは、ポスト産業社会を理解するための五番目の急変である。グローバリゼーションとは、他の急変の原因であるのか、あるいはその結果であるのかを突き止めるといった無益な問題に頭をめぐらせるよりも、グローバリゼーションをポスト産業社会の側面としてとらえたほうが有益である。グローバリゼーションは、ポスト産業社会のおもな傾向を鮮明に照らし出す。

まず、国際レベルでの生産連鎖の「垂直的非統合」とは、産業国の国内においても取り組まれている労働の外部化プロセス〔アウトソーシング〕の反映である。つまり、インターネットのイメージに似せて、生産はその目的を達成するために、じつに多様な経路を辿ることになる。大手製造業の活動は、世界中に配置された生産現場のオペレーターとしての活動というよりも、戦略家としての活動と呼ぶほうがふさわしくなっ

とになるという。以下を参照。Kemal Dervis, *A Better Globalization: Governance and Reform*, Washington, DC, Brookings Press, 2006.

た。

　また国際分業は、デュルケームが期待した組織上の連帯感が現れにくい理由も明らかにする。つまり、市場によって、市場参加者の間に〈運命と利益をバランスよく含んだ共同体〉が生み出されることはない。規模の生産性追求に基づいた国際貿易の新たな理論により、次のことが明らかになる。市場は戦略的要因を蓄積する方向へと人々を駆り立てることで、貿易に参加する者を連帯する仲間というよりも、むしろ競合する相手として扱うようになる。フィリップ・マルタン(▼22)、テイエリー・マイヤー(▼23)、マチアス・トーニング(▼24)の最近の研究では、一般的に〈貿易は国際関係の和解の要因とはならない〉ことを示している。「貿易は人々に平穏をもたらす」というモンテスキュー(▼25)の麗しい考えも見直す必要があるだろう(＊13)。

　最後に、グローバリゼーションにより、ポスト産業社会の最も重要な要素の一つが明らかになった。それは、情報化社会がもたらす〈想像上の共同体の構築〉と、〈貧富を分断する地域的現実〉との間で増大し続ける隔たりである。人口問題はこの隔たりについての疑問の余地がない例となっている。一方、二〇〇一年九月一一日の米国同時多発テロ事件

▼22　フィリップ・マルタン
(Philippe Martin, 1953–)

フランスの政治学者。パリ第一大学経済学部教授。

▼23　テイエリー・マイヤー
(Thierry Mayer, 1971–)

パリ南大学経済学部教授。マルタンらとの共著に『競争力ポール (*Les pôles de compétitivité*)』など。

▼24　マチアス・トーニング
(Mathias Thoenig, 1972–)

ジュネーブ大学経済学部教授。マルタンおよびマイヤーとの共著に『グローバリゼーションは平和のファクターか？(*La mondialisation est-elle un facteur de paix ?*)』。

▼25　シャルル＝ルイ・ド・モンテスキュー
(Charles de Secondat, Baron de Montesquieu, 1689–1755)

一七世紀のフランスの政治思想家、

の場面はテレビで繰り返し放映され、この隔たりの不吉な実例となった（＊14）。この分裂は、豊かな国と貧しい国との間にだけ根づいているのではない。中心地と周辺地域の対立も同様に、豊かな国のなかにおいてきわめて重要〔な問題〕である。これは工場における階級闘争という過去の枠組みに取って代わった。

法学者。主著『法の精神』で歴史研究に実証的比較方法を導入し、法律制度と自然的、社会的条件との関連を追求した。三権分立を説き、後年の米国憲法やフランス革命に影響を与えた。

＊13　*La mondialisation est-elle un facteur de paix ?*, Opuscules du Cepremap, n° 3, 2006, Presses de la rue d'Ulm. 二国間貿易は両国間の紛争を和らげる効果があるが、他国との紛争を増大させるリスクがあるという。

＊14　テロリストたち自身は貧しくないかもしれない。いずれにせよ、彼らは教育を受けた階層に属している。次を参照のこと。Alan Krueger and Jitka Maleckova, «Education, Poverty, Political Violence and Terrorism: Is There a Causal Connection?», NBER Working Paper 9074, juillet 2002.

LEÇON 3 Existe-t-il un modèle social européen ?

レッスン 3

新たな社会モデルの模索

◆新たな社会保障モデルと連帯の模索

世界が東西に分断されていた間、市場に準拠することは、ヨーロッパ構築のためのはっきりした標識として機能していた。これをギー・ドゥボール(▼1)の言葉で言い換えると、「ヨーロッパがそうあってほしくない」という事柄によってヨーロッパを定義できた時代となる。ところが、ベルリンの壁崩壊にともない、二重の現象が生じた。まず、ソビエト連邦の崩壊によって「共産主義の脅威」という懸念が消失した。次に、EUの第二次拡大期には、旧東欧諸国にまでその範囲を拡大する準備に入った。このEU拡大はヨーロッパに新たなイメージを植えつけた。ヨーロッパ保護政策(「ヨーロッパという要塞」)という考えに代わり、これまで想定されていなかった〈ヨーロッパと世界〉という図式が浮かび上がったのである。

EU圏拡大の問題に待ち受けるのは、市場に準拠するということである。これは、東西の衝突の終焉が、古くからある争いを呼び起こしながら、非常に激しい影響を作り出したことよりも、さらに根源的である。

▼1 ギー・ドゥボール
(Guy Debord, 1931–1994)
フランスの思想家、著述家、映画作家。一九五七年、前衛芸術家たちとともに「シチュアシオニスト(状況主義者)・インターナショナル」(SI)を結成し、ポスト・シュルレアリスムの批判的前衛芸術運動を展開すると同時に、先鋭化した文化運動、政治運動を牽引。先進資本主義国において出現した、文化や情報などあらゆるものが商品=消費物として自律化し、「表象」が世界を支配する社会状況を「スペクタクル社会(劇場化した社会)」と定義づけ、これの解体を掲げて「労働の拒否」「日常生活の革命的批判」「状況の構築」など、管理社会への全面的な異議申し立てと叛逆を呼びかけ、一九六八年の「五月革命」(▼レッスン1-23)勃発に至るフランスの社会思潮にラディカルな思想的影響を強烈に与えた。一九七二年、自らSIの運動を左派中の左派といった人々ばかりでなく、一般のフランス人に対して市場の徳をわからせることは、当然ながらきわめて難しい。フランス前首相リオネル・ジョスパン(▼2)が語って有名となった「市場経済には賛成。市場化された社会には反対」という決まり文句にもかかわらず、〈市場は人間の自由な側面である〉とするアイデアに対して諸手を挙げて賛同するフランス人はほとんどいない。欧州憲法条約(▼3)批准の否決はこうした両義性を大量に育んだ。

ベルリンの壁崩壊は、「ヨーロッパ・モデル」に対して弱まっていた疑問を再燃させた。産業社会の分断によって、「組織的連帯」を生み出す新たな社会保障を定義する必要性が生じている。社会保障制度（ベヴァリッジ型(▼4)とビスマルク型(▼5)）を発明したヨーロッパは、ヨーロッパ型の新たな社会モデルを模索しているところである。はたしてヨーロッパは、産業社会の終焉による被害者なのであろうか？

◆ヨーロッパの混迷(1)——「水平的貿易」とグローバル化

ヨーロッパ一五カ国だけで国際貿易の約四〇パーセント近くを占めて

解体し、翌年には映画作家として「スペクタクルの社会」を制作、激しい反響を巻き起こした。一九九四年、自らの心臓を撃ち抜いてピストル自殺を遂げた。邦訳書に『スペクタクルの社会——情報資本主義批判』木下誠訳（平凡社、一九九三年）、『映画に反対して——ドゥボール映画作品全集』木下誠訳（現代思潮社、一九九九年）、『スペクタクルの社会についての注解』木下誠訳（現代思潮新社、二〇〇〇年）。SIの機関誌「アンテルナシオナル・シチュアシオニスト」は全六巻で邦訳されている（木下誠監訳、インパクト出版会、一九九四―二〇〇〇年）。

▼2 リオネル・ジョスパン
(Lionel Jospin, 1937–)
一九九七―二〇〇二年のフランス首相。一九七一年に社会党入党、八一年の国会議員初当選以来、長年にわたって同党第一書記を務めた。九七年の下院選挙で左翼勢力が勝利し、いる。ではなぜ、ヨーロッパはグローバリゼーションを恐れるのであろうか。その理由は、ヨーロッパの輸出入の三分の二は、輸出先も輸入元もヨーロッパであるからである。フランス、イタリア、オランダ、イギリスは、世界最大の輸出国であるドイツの主要貿易相手国である。ドイツと米国間の貿易は、ドイツとベルギーおよびルクセンブルク間の貿易よりも少ない。ヨーロッパの貿易の主要部分は近隣貿易である。要するに、ヨーロッパはグローバリゼーションに対する準備ができていないのである。経済学者の特殊用語を用いれば、ヨーロッパの貿易は〈水平的〉なのである。ヨーロッパ内の貿易は、同じ貿易部門に属す財の多様性を増大させている。例えば、フォルクスワーゲンに対してルノーを、ディオールに対してプラダを貿易している。ヨーロッパ内の貿易とは、企業同士が似通った即時使用可能な製品をやりとりするという、古くからある産業モデルである。国際貿易は〈垂直的〉であり、生産段階を細分化していくことによって、同じ財の生産連鎖を切り分ける。この新たな産業モデルでは、生産連鎖はバラバラに解体された。

パトリック・アルトゥス(▼6)とリオネル・フォンターニュ(▼7)が、ヨーロッパ圏と米国の貿易について調査したところ、次のような大きな違

連立政権の首相に就任すると、組閣にあたっては「五月革命」を担った「一九六八年世代」を積極的に登用、従来より四時間縮減した週三五時間労働制の導入などの福祉政策を打ち出した。二〇〇二年、大統領選に立候補するが、第一回投票で、保守派のシラク、さらには極右政党「国民戦線」党首のルペンにまで敗北を喫する結果に終わった。

▼3　欧州憲法条約（EU憲法）(Constitution for Europe)
二〇〇四年にEU加盟国代表によって署名されたEU憲法制定の国際条約。EU全体での人権規定の法文化や意思決定の効率化などを企図したが、翌年にフランスとオランダで実施された国民投票で批准が拒否され、これを受けて他の加盟国の一部でも批准手続きの延期や凍結の措置がとられた。発効にはすべての加盟国の批准を要するため、未発効となっている。

いが明らかになった(＊1)。ヨーロッパの輸出業者は「高級」製品に特化している一方で、米国の輸出は「ハイテク」製品に特化している。ヨーロッパの「高級」製品とは、メルセデス・ベンツやヴィトンをはじめとする長い年月をかけて培ったノウハウや熟練を必要とする製品である。これらの製品は、長い年月をかけて専門化して取り組んだ賜物であり、高級化路線で確立した競争力によって、高価格での販売を実現している。一方、米国の輸出品とは、技術が集積した製品である。ディオールのバッグやポルシェが「高価」であるのとは異なり、米国の製品は革新的な点が売りである。

ベッファ(▼8)は、フランス産業を改革するための新たな機関の設立を取り仕切ったが、その報告書のなかにも、こうした傾向を示すデータが確認できる(＊2)。フランスの輸出産業部門における構造上の理由から、フランスの輸出品は技術的に劣っている。しかし、フランスは産業部門に最先端技術を組み入れることが不得意なわけではない。その例として挙げられるのがエアバスである。エアバスは製品として、輸出品に対して要求されるすべての技術が搭載可能であることを示している。フランスが介入する産業分野は、米国の活動と比較した場合、平均して技術革

▼4　ベヴァリッジ型社会保険制度
第二次大戦中、イギリスのチャーチル首相（保守党）の指示により、行政官であった経済学者ウィリアム・ベヴァリッジ（1879–1963）を委員長として政府部内で「社会保険および関連サービス」を検討する部会が組織され、一九四二年に「ベヴァリッジ報告」がまとめられた。その報告の骨子は、健康保険、失業保険、年金などの整備による国民生活の安定と保護を図るというもので、大戦後、各国の社会保障制度に多大な影響を与えた。各国が福祉国家モデルを採用する大きな転換点となった報告書であり、ベヴァリッジは「福祉国家の父」ともいわれる。

▼5　ビスマルク型社会保険制度
資本家と労働者の間の階級闘争が激化した一九世紀末のドイツにおいて、ドイツ帝国初代宰相オットー・フォン・ビスマルク（1815–1898）は労働運動を厳しく弾圧する一方、労災

新の産業分野ではない。

ヨーロッパは、部分的に過去の専門分野に特化している。すなわち、いまだにモノを「作れ」と要求する「ノウハウ」の囚人となっている。こうしてヨーロッパは、産業分野で新興国との競合を強いられるリスクにさらされると同時に、非物質的産業分野〔ニュー・エコノミー〕で活躍する米国との距離は広がる一方である。

◆ニュー・エコノミーの矛盾――参入障壁の緩和と独占の強化

ニュー・エコノミーにおける米国の躍進は際立っている。この分野は厳密には〈第三次産業革命〉固有の情報・コミュニケーション技術分野と定義できる。マイクロソフト、ヤフー、グーグルといった企業は、とくにヨーロッパ企業をはじめとして、競合他社を寄せつけない独占的地位〔市場支配（position dominante）〕を確立した。「ニュー・エコノミー」は、情報の拡散、参入障壁の緩和、そして最終的には経済主体者間の競争を強化するという考えに依拠している。ところが、実際にこの分野で活躍する企業は、全世界で独占体制（monopoles planétaires）を築く傾向にある。

保険や年金制度を導入することで労働者の懐柔を図った。ベヴァリッジ型は貧困層にも所得とは独立した給付を与えて基礎保障をめざすものだが、ビスマルク型は所得に応じた拠出から所得比例の給付を与え、従前の生活水準の保障をめざす比例拠出・比例給付の制度である。

▼6　パトリック・アルトゥス
(Patrick Artus, 1951–)
フランスの経済学者。「ル・モンド」「Les Echos」などに定期的に寄稿をしている。著書に『自壊する資本主義（*Le Capitalisme est en train de s'autodétruire*）』など。

▼7　リオネル・フォンターニュ
(Lionel Fontagné, 1958–)
フランスの経済学者。パリ第一大学経済学部教授。著書に『中間財と国際分業（*Biens intermédiaires et division internationale du travail*）』など。

〈イントロダクション〉においても指摘したように、ニュー・エコノミーは実際にはこれまでにないコスト構造によって特徴づけられている。つまり、費用が多額に発生するのは生産される財の最初の単位においてであり、後続の単位においてではない。いったん、ウインドウズのソフトが開発されると、それは小さな村をはじめとして世界中で販売することができる。後続の単位を製造するための総コストは、ほんの少し増加するだけである。同じ論理は音声映像技術にも当てはまる。例えば、映画の製作コストは高いが、(再)放映コストは高くない(＊3)。

こうしたニュー・エコノミーの特徴により、経済学者が「純粋・完全競争」と呼ぶ制度にニュー・エコノミーが順応することができない理由が把握できる。つまり、新たに開発されたソフトが、同等の性能をもった類似品とすぐに競合にさらされた場合、ソフト製造業者間で価格競争が始まり、ソフトの開発構想にかかったコストを回収することが不可能になる。ソフトの中核部分である研究開発コストを償却するためには、ニュー・エコノミーで活躍する企業は、何としてもレント(▼9)を獲得できる地位を手に入れなければならない。この場合では、技術レントや商業レントがこれに当たる。産業部門が、言葉本来の意味どおりに競争的

＊1　Patrick Artus et Lionel Fontagné, *Commerce extérieur France-Allemagne*, Rapport du Conseil d'analyse économique, 2006.

▼8　ジャン＝ルイ・ベッファ(Jean-Louis Beffa, 1941–)素材・ハイテク産業の仏大手企業サンゴバンの会長。二〇〇四年にシラク大統領の命を受け、仏産業の再生政策案をまとめ上げた。原註＊2はその報告書。このなかで、国家主導による研究開発の重要性を訴えた。

＊2　*Pour une nouvelle politique industrielle*, Paris, La Documentation française, 2005.

＊3　D. Cohen et M. Debonneuil, *La Nouvelle Économie*, Rapport du Conseil d'analyse économique, Paris, La Documentation française, 2001. を参照のこと。

でなくとも、そんなことはどうでもよいのである(*4)。

ニュー・エコノミーは、〈財の多様性〉を提供するものであるとみなされているが、テレビ局の例を引き合いに出して、このニュー・エコノミーの矛盾を例示してみよう。ケーブルテレビや衛星放送が一般化された当初は、新技術によって番組内容が一気に増え、各自の好みに応じたテレビ番組が視聴できるようになると喧伝されていた。テレビの番組内容が無限に多様化するという状態は、現在、一〇〇チャンネルほどが視聴できるという算術的な意味合いにおいて約束が果たされたと言えよう。しかし、実際にはこうした番組には非常にごくわずかな視聴者しか存在しない。視聴可能なチャンネルが大量にあるにもかかわらず、テレビの視聴者は、おもに旧三大公共放送テレビ局〔一九八七年に民営化された〈TF1〉と公共放送の〈フランス2〉〈フランス3〉〕に加え、〈M6〉と〈Canal Plus〉を見続けている状態である。視聴率によって市場占有率を見てみると、〈TF1〉が市場の三〇パーセントを占めている。残り七〇パーセントのうち、その三〇パーセントを〈フランス2〉が占有している。すなわち、〈フランス2〉の市場占有率は約二〇パーセントである。残り五〇パーセントのうち、その三〇パーセントを〈フランス3〉が占有

▼9 レント(rent) 財・サービスの供給者に帰属する利益、すなわち収入と機会費用との差のこと。参入が妨げられている際の「独占利潤」や、寡占による「超過利潤」を指す場合もある。もともとは「地代」のことで、リカード(▼レッスン2-8)が、土壌の質が異なる農地のレントの違いを「差額地代(differential rent)」として説明した。

*4 経済学的には、研究開発費を償却するためには、レントの恩恵を利用する必要があるという理由から、独占は技術革新を促すとするシュンペーター(▼レッスン1-1)の考え方が一般的である。なお、ポスト・シュンペーター学派については次の文献を参照のこと。各企業が独占レント獲得をめざす競争状態が、技術革新にとって最適な環境であると論じている。Philippe Aghion *et al.*, «Entry and Productivity Growth: Evidence from

している。すなわち、市場占有率一五パーセントである。そのあまった部分を〈M6〉と〈Canal Plus〉が争っているといった構図である……。

テーマ別のチャンネルの市場占有率はごくわずかであり、しばしば数百人の視聴者しか存在しない。視聴率の非常に低いチャンネルはその製作コストも安い。というのは、こうしたチャンネルでは、すでに財源のついた興行にテレビカメラを持ち込み、その光景を配信するだけ、または、すでに償却の終わった番組を再放送するケースが大半であるからである。なぜ、無限なる多様性という約束が、実際にはこれほどまでに限られた視聴者しか得られなかったのであろうか。その答えは、経済学者が「内部発生コスト」理論と呼ぶ論理が作用している。つまり、既存のテレビのチャンネルは、新規参入者からの競争にさらされていることから、多くの視聴者が見たい番組（ワールドカップ、話題のニュースキャスターが登場する番組など）の放映権を獲得しようと、熾烈な競争に身をゆだねることになる。新規参入をめざす者には、技術進歩によって明るい未来が約束されていたはずであったのだが、この放映権の奪い合いにより、彼らを断念させるレベルにまで参入コストが上昇する。こうして、技術

Micro Level Panel Data», *Journal of the European Economic Association*, vol. 2, n° 2-3, 2004, p.265-276.

進歩によって引き下げられた参入障壁は、市場によって再び自然に引き上げられたのである。結局のところ、確かに新規参入組はある程度の市場占有率を確保したが、これは当初に喧伝されていた状態とは程遠い状態である。

◆無料と有料――ニュー・エコノミーと知的所有権

ニュー・エコノミーにとって、固定コストのインフレは必ずしもマイナスではない。例えば、医薬品会社の場合、研究開発費を増進させることで、新薬出現の土壌を作り出す。しかしながら、この場合においてさえ、事後的に大きな非効率が明らかになる。なぜなら、新薬が開発されても、最も貧しい患者が購入をためらうような価格となってしまうからである。しかし、実際に薬を必要とするのは、こうした貧しい患者が圧倒的に多いのである。

ポール・デヴィッド(▼10)は、こうしたパラドックスを次のように要約した(＊5)。効率的であるためには、「新しいアイデア」の生産において、次に掲げる二つの規則に従わなければならない。まず、同じ問題を解決

▼10 ポール・デヴィッド(Paul A. David)
スタンフォード研究所研究員。ハーバード大学で博士号を取得。経済史、とりわけ一七九〇年以降の米国と北大西洋における長期的な生産性の成長と発展について、人口統計学的、技術的、制度的変化を理論的、実証的に研究した。

＊5 Paul David, «A Tragedy of the Public Knowledge Commons?», Oxford IP Centre, Working Paper 04/00, 2000.

するにあたっては、全員の協力を取りつける。次に、問題がいったん解決して、これを応用する場合には、これを全員に解放する。大学の研究機関はこのように機能している。確かに、研究者同士のライバル意識は存在するが、研究者を同じプロジェクトに集結させて共同作業をおこなうことはよくあることである。そこで何か発見があると、その研究成果は即座に公表され、学術的コミュニティーには無料で提供される。

民間の研究機関の場合は、これとはまったく反対である。つまり、民間の研究所は競争状態にあり、協力することはない。また、研究機密は用心深く守られている。発見がいったん実現しても、企業は自社で使用権を占有する。こうして、本来そうあるべきモデルとは正反対のモデルが出来上がる。しかし、活動のおもな動機は研究仲間同士の感謝にあるとする開かれた科学（open science）というモデルや、学術研究者（homo academicus）の文化は、市場経済よりも新たなアイデアの創造に適している。マルクスは、資本主義では生産力の発展と彼が生産関係と呼んだ所有権構造との間に矛盾が生じると糾弾したが、この糾弾はニュー・エコノミーにとってこそ当てはまる。マルクスの論証は普通の産業経済に対してはあまり説得力を持たないが、「ニュー・エコノミー」の枠組みにおいては鮮やかに当てはまる。

二〇世紀では、公共セクターと民間セクターが衝突したが、二一世紀では、「無料」と「有料」が競合する形で矛盾が広がっている。映画や歌を無料でダウンロードしたり、コピー製品を流通させたり、ジェネリック製品を製造したりする誘惑は、「ニュー・エコノミー」にとって恒常的な与件である。というのは、モノの最初のユニットをいったん開発してしまえば、それをコピーすることには、ほとんどコストがかからないからである。

よって、完全無料化と知的所有権の使用制限という、二つの極端な選択肢が存在することになるが、その判定にあたっては慎重に対処していかなければならない。つまり、民間のイノベーション（革新）をそぐことになりかねない大胆な無料化と、独占の土壌を作り出すことになる知的所有権の制限という選択である。この判定にあたっては、製造者自身に委ねるわけにはいかない。特許権の有効期間やその使用料の体系を、（所有権の尊重などの）普遍的な方針ではなく、現実を重視して（各国の公共衛生状態や経済事情を考慮して）社会で設定していくべきであろう。例えば、本の版権の期間が薬品の特許の期間よりも長くとも、誰も驚かないであろう。というのは、読者と患者では立場が同じではないからである。この論争は、ライセンスの有効期間にとどまらず、地理的適用範囲も対象となる。すなわち、医薬品があれば治るであろう貧しい人から医薬品を取り上げる経済的理由はどこにも存在しない。製薬会社が儲け損ねた額は、当然のこととしてゼロである。なぜなら、貧しい人たちは、必要とする医薬品を購入することができないからである――その後にジェネリック医薬品を手に入れる可能性はあるが。

しかし、知的所有権の微妙な調整だけでは十分とは言いがたい。なぜならば、無料化には物質的生産と同様に、その目的に合致した社会制度が必要だからである。こうした分野におけるヨーロッパのハンディキャップは歴然としている。

◆米国の大学の競争力――知識生産の「科学的組織」化

毎年、上海大学は世界中の大学を対象に上位五〇〇校を発表している。この調査によると、上位一〇校中、ヨーロッパの大学では、イギリスのケンブリッジ大学（二位）とオックスフォード大学（九位）が米国の大学と競い合っている(*6)。上位一〇〇校のうちでは、ドイツの大学五校、フランスの大学四校、イタリアの大学一校がランキングしているにすぎない(▼11)。

どのようなランキングであれ、上海大学の調査方法にも議論の余地はある。例えば、この調査ではノーベル賞の受賞数を非常に重視しており、外部の研究組織に関連した研究者の発表は無視している。また、小規模な大学よりも大規模な大学の得点の方が高くなる傾向にある。しかしそうは言っても、米国の大学の（知力・財力の）パワーは明白である。この調査結果が不完全であるとして無視を決め込むのは、危険を直視しようとしない態度であろう。

では、米国モデルをコピーするべきであろうか。二〇世紀には、テイラーイズムと呼ばれる「科学的」労働組織がほとんど世界的な方法として支配的となった。二一世紀においては、科学技術革新が二〇世紀の産業労働組織の改革に相当するのであれば、「知識の科学的組織」も当然ながら必要になってくると考えたとしても不思議ではない。過去においてはフォードがそうであったように、二一世紀においては大学がその役割を担う。すなわち大学は、知識や教育といった最初の要素を定着させ

*6 「ル・モンド」二〇〇五年八月二三日付より。ランキングは下記のサイトで閲覧可能。
http://ed.sjtu.edu.cn/ranking.htm

▼11 なお、二〇〇七年のデータでは、ケンブリッジ大学は四位、オックスフォード大学は一〇位である。上位一〇〇校でみると、イギリスは前記二校を含め一一校、ドイツ六校、フランス四校、スイス三校、北欧域ではスウェーデン四校など、ヨーロッパ圏全体で三四校ある（本文で引用されている二〇〇五年のデータでも三五校、ただし両データともロシア一校を含む広域ヨーロッパ圏）。

る機関となり、社会を育んでいくのである。

学識の生産現場として米国の大学の効率性が高いのは、知識の生産を通じて前述の大きな矛盾に対する回答を示しているからである。まず、米国の大学は競争と協力との間のバランスを取り、次に基礎研究と応用研究との間で判定を下している。

米国の大学の競争力は明白である。そこには優秀な生徒や優秀な教師陣が集まり、財政も豊かである。生徒の登録料ならびに大学の基金により、大学は財政上、独立している。また、米国の大学は協力の場でもある。教師陣は研究会や研究休暇を通じて交流し、全米科学財団（NSF）では研究プロジェクトの発表をおこなっている。

しかし、米国の大学の強みは、政界・産業界といった大学以外の社会と強力に議論を重ねている点にある。こうして基礎研究と応用研究との間の矛盾を解決している。

フランスの研究者は、産業界や官僚の論理によって押しつけられた研究プログラムに対して懸念を表明している。フランス科学アカデミー代表のエドゥアール・ブレッツィン（▼12）は、〈電気は新たなロウソクを開発するために発見されたのではなかった〉と指摘している。彼が言わんと

▼12　エドゥアール・ブレッツィン（Édouard Brézin, 1938–）
フランスの物理学者。一九六三年から一九八六年まで仏原子力委員会で活躍。その後、大学教授を務める。

することは、科学的発見の論理とは、当初に予想されていた使用方法だけに還元することはできないということである。

一つの状態についてだけで議論を終わらせてしまうことは誤りであるように、科学と技術は、完全に分離した世界を形成してきたとする極端な考えも誤っている。ジョエル・モキル（▼13）は、彼の著作『アテネからの贈り物――知識経済の歴史的源泉（*The Gifts of Athena: Historical Origins of the Knowledge Economy*）』のなかで、熱力学は一九世紀に蒸気機関の効率性を改善するための研究として生まれたと指摘している（＊7）。彼によれば、科学と技術の間で新たな論証をおこなうことは決定的な要素であり、これは一八世紀の産業革命とこれまでの産業革命（例えば、これより五世紀前の中国における産業革命）の違いを説明するものであるという。

基礎研究と応用研究との関係が複雑であることから、強力で独立した研究機関が必要不可欠となる。こうした研究機関は、産業界の短期的要求から研究者を保護する。だからといって、研究者に向けられた社会的要求は無視しても構わないというわけではない。こうした観点から、米国の大学が教育の場であるという事実は、決定的役割を担う。というのは、教育の要求に応えることは強力な刺激となり、これは科学からの要

▼13 ジョエル・モキル（Joel Mokyr）
米国のノースウェスタン大学で経済史を教える。ヨーロッパの人口問題とテクノロジーの歴史的変遷にくわしい。著書に『イギリスの産業革命（*The British Industrial Revolution*）』など。

＊7 Joel Mokyr, *The Gifts of Athena*, Princeton, Princeton University Press, 2002.

請を断念することなしに、社会の長期的傾向にも対応することを大学に義務づけることになるからである。

研究費のレベル以外にも、ヨーロッパの研究は、ヨーロッパ各国の研究を積み重ねたものにすぎず、これでは個別の研究をまとめ上げたものよりも価値が低いものにすぎない。各国間のバランスに大きく配慮した〔EUの〕財源配分の手続きでさえ、ヨーロッパの研究機関の卓越性を生み出すにまでは至っていない。つまり、米国の有名大学周辺に構成されている研究機関に匹敵しうるには至っていない。ボストンやサンフランシスコ周辺に見られるほどの知的能力が、オックスフォードやボローニャにも集結していると考える者はいないであろう。もっとも、米国国防総省〔ペンタゴン〕のもつ役割をヨーロッパに持ち込もうとしても無理ではあるが。

こうした事態に対し、今後、ヨーロッパはどう反応するのであろうか。ヨーロッパの歴史や多様性を聞き入れ、また、知識経済にヨーロッパを組み入れることのできる大学を創設できるのであろうか。期待は募るが、見通しは定かではない。ジョエル・モキルも、一九世紀のイギリスの凋落は、部分的には（同時代にフランスやドイツでは創設された）技術者を養成する学校を創設できなかったことによるものだと説明している。すなわち、きちんとした学校機関があれば、蒸気機関や自動織機を発明した世代の子どもたちや孫の世代は、彼らの親たちの技術革新をさらに推し進めることが可能であっただろうという。これもモキルの説であるが、こうした天才発明者の立派な子どもたちは、イギリスの私立学校「パブリック・スクール（Public Schools）」に入学し、召使いに対する接し方や芸術鑑賞に勤しむことで、二〇世紀を迎えるにあたってイギリスは、世界を大きく揺り動かすことになる内燃機関や電気といった偉大な発明から遠ざけられたという。

◆ヨーロッパの混迷(2)——社会モデルの相違と分裂

欧州憲法条約(▼3)批准に関する議論により、ヨーロッパの〈市場「社会」経済〉についての概念が、どの程度、各国ごとに異なっていたのかが明らかになった。ヨーロッパは、共通のモデルを作り上げるどころか、二〇年来、驚くべき相違をあらわにしてきた。イギリス、スウェーデン、イタリア、フランスを含めた〈ヨーロッパ型社会モデル〉を語ることに

▼14 イエスタ・エスピン＝アンデルセン（Gøsta Esping-Andersen, 1947–）デンマーク生まれの社会学者、政治学者。ハーバード大学、トレノ大学などを経て、現在スペインのポンペウ・ファブラ大学政治社会学部教授。専門は福祉国家研究、比較政治経済学。原註＊8の文献において、福祉国家の三類型として、〈自由主義（アングロサクソン）レジーム〉〈コーポラティズム（大陸ヨーロッパ）レジーム〉〈社会民主主義（スカンジナビア）レジーム〉を提示し、世界的に注目され議論を巻き起こした。＊8のほか、邦訳書に『ポスト工業経済の社会的基礎——市場・福祉国家・家族の政治経済学』渡辺雅男、

は、ほとんど意味がない。ヨーロッパの分裂の源泉を理解するためには、この多様性の歴史的源泉を際立たせるいくつかの類型学を持ち出すことが可能である。

◆福祉モデルの相違――「資本主義対資本主義」

イエスタ・エスピン＝アンデルセン(▼14)は、その名著『福祉資本主義の三つの世界（*Les Trois Mondes de l'État-Providence*）』のなかで、福祉国家の型を〈自由主義型（libéral）〉〈協調組合型（corporatiste）〉〈社会民主主義型（social-démocratie）〉に分類している(＊8)。エスピン＝アンデルセンは、その理論の中核において、〈都市化、経済成長、学校教育の普及は産業社会の重要な側面ではあるが、これでは福祉国家の輪郭をはっきりと浮かび上がらせることはできない〉、〈国ごとにもつ特異性や特有の歴史的妥協のほうがより重要である〉と述べている。

　スウェーデンについては、労働者と農民の連合である「赤‐緑」階級の連帯によって社会全体を統合させようとする福祉国家の普遍主義を説明することができるだろう。ドイツについては、労働運動を分断しよう

渡辺景子訳（桜井書店、二〇〇〇年）、『福祉国家の可能性――改革の戦略と理論的基礎』渡辺雅男、渡辺景子訳（桜井書店、二〇〇一年）、『アンデルセン、福祉を語る』林昌宏訳（NTT出版、二〇〇八年）、編著『転換期の福祉国家――グローバル経済下の適応戦略』埋橋孝文監訳（早稲田大学出版部、二〇〇三年）、共編著『労働市場の規制緩和を検証する――欧州八カ国の現状と課題』伍賀一道他訳（青木書店、二〇〇四年）など。

＊8 Gøsta Esping-Andersen, *Les Trois Mondes de l'État-Providence*, Paris, PUF, 1999 (version originale: *The Three Worlds of Welfare Capitalism*, 1990).（G・エスピン＝アンデルセン『福祉資本主義の三つの世界――比較福祉国家の理論と動態』岡沢憲芙、宮本太郎監訳、ミネルヴァ書房、二〇〇一年）

としたビスマルクの断固とした試みによって福祉国家が誕生した(▼5)。つまり、〈新‐協調組合主義(néo-corporatiste)〉の妥協が社会階層の維持につながった一方で、労働者は社会的保護〔社会保障を柱とした福祉制度〕を獲得した。この保護の度合いは、労働者が産業部門ごとに築き上げた力関係に呼応している。最後に、福祉国家の自由主義モデルとは、最貧者にだけ社会的保護を用意するものであるが、これは貧しい者に対する善意のあり方という、一九世紀初頭にまで遡る議論の遺産である。自由主義福祉国家においては、中産階級は他国では社会保障(健康保険や年金など)によって保障されるリスクに対して自ら備えることになるが、貧しい人とそれ以外の人々との間に恒常的な二元性が生じる。

アングロサクソン型資本主義〔自由主義レジーム〕とスカンジナビア型モデル〔北欧型社会民主主義レジーム〕との古典的対立は、この類型学から最初に読み取れる事柄である(＊9)。前者は〈市場の円滑な作用〉に依拠する一方、後者は〈社会的連帯〉に依拠している。

スウェーデン人経済学者ラース・カルムフォース(▼15)とイギリス人経済学者ジョン・ドゥリフィル(▼16)の二人は、この対立が失業率におよぼす影響について考察している(＊10)。この有名な研究によると、OECD

＊9　Michel Albert, *Capitalisme contre capitalisme*, Paris, Seuil, 1991.(ミシェル・アルベール『資本主義対資本主義』小池はるひ訳、竹内書店新社、一九九二年)

▼15　ラース・カルムフォース(Lars Calmfors, 1948–)ストックホルム大学経済学部教授。専門は国際経済学。

▼16　ジョン・ドゥリフィル(John Driffill, 1947–)ロンドン大学教授。専門は国際マクロ経済学。

＊10　Lars Calmfors and John Driffill (1988), «Bargaining Structure, Corporatism and Macroeconomic Performance», *Economic Policy*, vol.6, p.13-61.

のアングロサクソン諸国（イギリス、米国、オーストラリアなど）の失業率は低い。労働市場が市場として厳密に機能することから、その需給関係は恒常的に不均衡となることがない。しかしながら、この低失業率という素晴らしい結果は、その対極にある労働者の組合組織化が非常に強固であるスカンジナビア諸国においても同様である。スカンジナビア諸国では、労働組合は賃金や社会保障に関して譲歩する器量があり、この譲歩によって完全雇用の達成が促される。

労働組合同士が競合関係にあり、アングロサクソン諸国とスカンジナビア諸国との中間に位置するフランスのような国では、失業率は高い。より厳密に言うのであれば、失業率は恒常的に高い。社会的妥協は、自由主義の概念から生じる完全雇用という要求を導き出すことも、また、スカンジナビア諸国で生じる社会的連帯の要求を導き出すこともない。よって、エスピン゠アンデルセンによれば、ヨーロッパ大陸型資本主義は〈新‐協調組合主義〉であるという。これは、社会的地位のもとに国民を保護することを狙ったものである。例えば、解雇補償や失業保険は、在職期間に応じて労働者が獲得する権利となっている。

ブルーノ・アマーブル（▼17）は、エスピン゠アンデルセンの類型学をさ

▼17　ブルーノ・アマーブル（Bruno Amable, 1961–）
パリ第一大学経済学部教授。レギュラシオン理論を基盤とした、雇用と労働問題についての研究で知られる。後掲＊11の著作において、資本主義モデルを、〈市場ベース型〉〈社会民主主義型〉〈大陸ヨーロッパ型〉〈地中海型〉〈アジア型〉の五つに分類した。

らに発展させ、ヨーロッパ独自の四番目の資本主義として、〈地中海型資本主義〉という類型を提唱した（＊11）。これは基本的に、すべての類型のなかで最も伝統的なものであるという。すなわち、〈家族を基盤とした社会的連帯〉である。地中海型保護システムの暗黙の目的とは、家族の長となる人物の賃金と雇用を守ることである。地中海型資本主義の特徴とは、若年層と女性の高失業率である。

フランスでは、〈フランス・モデル〉は基本路線として自由主義モデルよりもスカンジナビア諸国のモデル〔北欧型社会民主主義〕に近い〉と考えたがるが、実際には次に掲げるジレンマの虜となる。つまり、フランスは部分的にはドイツ型協調組合主義に共鳴しているが、ドイツとは異なり、徒弟制度を通じて若年層を社会に統合させる手段をもたない。こうした観点から、フランスはいまだに地中海型資本主義の国であり、家族の連帯によって職のない若年層や女性を支えるという暗黙の了解がフランスにはある。

＊11 Bruno Amable, *Les cinq capitalismes*, Paris, Seuil, 2005.（ブルーノ・アマーブル『五つの資本主義――グローバリズム時代における社会経済システムの多様性』山田鋭夫、原田裕治他訳、藤原書店、二〇〇五年）
アマーブルが調査した資本主義の最後の類型はヨーロッパ以外にあり、〈アジア型資本主義〉である。これは〈会社への忠誠心〉が主軸となる。

▼18 マーガレット・サッチャー（Margaret Thatcher, 1925–）
イギリス初の女性保守党党首、初の女性首相（一九七九—九〇年）。新自由主義（ネオリベラリズム）および新保守主義の立場から、国有企業の民営化、規制緩和、金融改革などの諸政策を断行し、「鉄の女」の異名をとった。

◆折衷案——現実への順応と行動力

どの国であろうとも、固定化したモデルに当てはめて語ることはつねに危険をともなう。マーガレット・サッチャー(▼18)政権〔保守党〕のイギリスは、大戦後の英労働党のモデルとは何の関係もない。デンマークも同様に、アングロサクソン諸国の柔軟性とスカンジナビア諸国の社会的連帯との間に、独自の路線を見出した例として、しばしば引き合いに出される(＊12)。

米国もまた、興味深い変化を遂げたことで一つの教訓を提供している。フィリップ・アシュケナージ(▼19)は、米国での労働災害の著しい低下に関して、その決定的役割を担った三つの要因を指摘している。一番目の要因は、一九九〇年代中盤、労働組合の幹部が新たに選出され、ＡＦＬ—ＣＩＯ（アメリカ労働総同盟・産業別組合会議）の運営にスウィニー(▼20)、トラムカ(▼21)、チャベス＝トンプソン(▼22)というトロイカ体制(▼23)が、女性、少数民族といった「マイノリティ」からの支持を取りつけた。このトロイカ体制により、労働組合としての新たな行動が始まった。例え

＊12　次を参照のこと。Robert Boyer, *Le Modèle scandinave*, Opuscules du Cepremap, n° 2, Presses de la rue d'Ulm, 2006.

▼19　フィリップ・アシュケナージ　→▼レッスン1-6

▼20　ジョン・スウィニー　(John Sweeney, 1934–)　アイルランド系移民の両親をもつ。一九八〇年よりＡＦＬ—ＣＩＯ副代表を務め、九五年から代表。

▼21　リチャード・トラムカ　(Richard Trumka, 1949–)　炭鉱夫の家庭で育つ。一九九五年よりＡＦＬ—ＣＩＯの財務官。

▼22　リンダ・チャベス＝トンプソン　(Linda Chavez-Thompson, 1944–)　両親はメキシコ移民。一九九五年から二〇〇七年までＡＦＬ—ＣＩＯ副代表を務めた。

ば、「清掃労働者に正義を（Justice for the Janitors）」キャンペーンにより、ビルの清掃および管理をする労働者を組織化することに成功した。労働条件の改善はこの社会運動の中核であった。

二番目の要因は、情報化社会の徹底的な活用である。匿名での参加を保証したインターネット上のフォーラムのおかげで、情報化社会によって「悪質な企業」が暴き出され、こうした企業を糾弾することが可能となった。一方、一九九五年には取締役会が持つ情報は企業秘密に属すものでなければ、公開しなければならないとする法案が可決された。とくに、これは労働災害に関する情報に適用されることになった。こうした情報は以下のサイト〈http://www.osha.gov〉〔米国労働安全衛生局〕で検索できる。

三番目の要因は、〔投機バブルによって空前の好景気がもたらされた〕一九九〇年代末の米国における完全雇用である。企業は求人難から労働者をかき集めるのに必死であった。魅力的な労働条件こそが、求人競争で勝ち残る要素の一つとなった。一九八四年から一九九四年までは労働災害が多発したが、その後の一〇年間について同様に調査をおこなうと、労働災害が起きた三分の一以上の現場で改善の兆しが確認された。

▼23 トロイカ体制
一人の指導者への権力集中を避け、三名の指導者で組織を運営する集団指導体制のこと。いわれの始まりは、スターリン死後のソ連邦で書記長を廃止し、第一書記、最高会議幹部会議長、首相の三名に権限を分散させたことに発する。

労働災害に関する米国の事例は、労働組合、国家、情報化社会の役割といった一般的な影響力をもついくつかの事柄が混ぜ合わさったものである。つまり、米国の事例からわかることは、従来の機関でも新たな方式を導入することによって、きちんと組織することができるということだ。すなわち、経済の分裂に順応すると同時に、情報化社会が与える原動力を利用するのである。問題は方法論に精通するよりも、実際に実現しようとする行動力である。残念ながら、フランスの事例はこうした困難の例証となっている。

◆社会的連帯についての異なる立場

アマーブルとエスピン＝アンデルセンの類型学では、フランス・「モデル」を描ききれないのではないだろうか。その理由は単純であり、フランスでは、社会問題はこれまで核心部分ではなかったからである。二〇世紀の幕開けに、ヨーロッパは社会的妥協を迫られたが、フランスでは社会問題よりも、教会と国家の分離に関する討論に一層の関心をもった。フランス・モデルの本質を摑むためには、一九世紀ないし二〇世紀におけるフランス固有の歴史的条件にまで遡る必要がある。ここで筆者は、フィリップ・ディリバルヌ(▼24)が「自由に関する三つの形」と題する記事のなかで示した明解な類型学を引用したい。これはディリバルヌの著書『フランスの特異性(*L'Étrangeté française*)』のなかでも取り上げられている(*13)。ディリバルヌは、中世にはじまるイギリス、ドイツ、フランスの三つの〈明確に異なる自由に関する考え方〉について分析している。この三カ国の自由に対する考え方から、今日の〈社会的連帯についての異なる立場〉を明らかにできるという。

ディリバルヌはまず、イギリスの自由について検証している。イギリス人にとっての自由は、奴隷や農奴などとは異なり、法的に誰にも属していないことを意味し、自分の所有者は自分自身であることを意味する。このような自由に対する概念は、ジョン・ロック(▼25)が鮮明に表現している。つまり、自らの労働が自分に帰属するのであれば、自分は自由である。こうした自由に対する考えは労働市場の中核をなしており、これによってアングロサクソンの完全雇用に対する本能的執着に説明がつく。イギリスだけでなく米国においても、社会・政治とは、まずは失業を撲滅することにある(スティグリッツ(▼26)の表現による)。

▼24 フィリップ・ディリバルヌ(Philippe d'Iribarne, 1937–)
フランスの社会学者、哲学者。邦訳書に『幸福のための政策――新しい福祉社会を求めて』小金芳弘訳(産業能率短期大学出版部、一九七四年)。

*13 Philippe d'Iribarne, *L'Étrangeté française*, Paris, Seuil, 2006.

▼25 ジョン・ロック(John Locke, 1632–1704)
イギリスの哲学者。近代認識論とイギリス古典経験論の創始者。主著に『人間知性論』『統治二論』『寛容についての書簡』など。

▼26 ジョセフ・E・スティグリッツ(Joseph E. Stiglitz, 1943–)
米国の経済学者。二〇〇一年、ノーベル経済学賞受賞。ミクロ経済学の分野で米国の政策にも強い影響力を与えている。クリントン政権下で大

二番目はドイツの自由である。カント（▼27）によれば、自由人とは自らの情念の虜《とりこ》とならず、社会における生活上の明確な要請に従う術を心得ている人物であるという。ドイツ人にとっての自由は、他者から自由人として認められることであり、「発言権をもつこと」、他の自由人と同席し、こうした場で意見を聞き入れてもらう権利をもつことである。これは、後にドイツ人哲学者ハーバーマス（▼28）が『コミュニケーション的行為の理論』のなかで展開した理論でもある。

三番目はフランスの自由である。フランスの自由人とは法的なものではなく、ほとんど心理的な意味において他人に従属していない人物を指す。つまり、「名誉の論理」に従う人物である。例えば、労働者は彼の階級の尊厳に従って雇用主に対して異議申し立てできるという論理である。この概念は、例えばピエール・ブルデュー（▼29）によって提唱された「支配と被支配」との間の対立として再び取り上げられている。

フランスの自由に関する定義は、より複雑でより矛盾に満ちている。フランス・モデルとは、イギリス的な意味における個人主義ではなく、ドイツ的意味における共同体モデルでもない。これもディリバルヌによれば、フランス・モデルとは、フランスがこれまで両立することができ

統領経済諮問委員会委員長、後に世銀上級副総裁などを務めた。貧困国を貧しいままに据え置く制度設計をした米国の金融セクターおよびIMF（国際通貨基金）、WTO（世界貿易機関）体制を批判した著書『世界に格差をバラ撒いたグローバリズムを正す』（楡井浩一訳、徳間書店、二〇〇六年）は三〇言語以上に訳され、全世界で一〇〇万部以上売れた。

▼27　イマヌエル・カント
（Immanuel Kant, 1724–1804）
ドイツの哲学者。近代的理性の存立基盤自体を問う理性批判の哲学を展開し、ドイツ観念論哲学の祖と呼ばれる。主著『純粋理性批判』『実践理性批判』『判断力批判』など。

▼28　ユルゲン・ハーバーマス
（Jürgen Habermas, 1929–）
ドイツの哲学者、社会学者。フランクフルト学派の第二世代として、マルクスの経済学批判を継承しながら、

なかった聖職者的価値観と貴族的価値観という二つの価値観のシステムから生じる矛盾の狭間に依拠しているということになる。教会は、神の前では全員が平等であるという普遍的な演説をおこなう一方で、貴族は、同じ神によって各人に与えられた身分が生み出す、または、その身分が要求する高潔な行動を褒め称える。この二つの折り合いをつけることは不可能であり、フランスは、せいぜい偽善に陥るか、あるいは自らを直視しないよりほかに方法がない。ディリバルヌが語っているように、「古い時代のフランスでは、教会で他者を同等に扱うことは、実社会においても教会と同様に行動することを意味するのではなかった」。こうしたアンビバレンスが引き延ばされたことにより、フランス革命が特権階級を葬り去った直後に、エコール・ポリテクニーク（理工科大学校）やエコール・ノルマル・シュペリウール（高等師範学校）が創設されたのである。要するに、こうして独自の貴族階級を生み出したわけである。

グランド・ゼコール（グランゼコール）(▼30)と一般大学との二項対立は、フランスの分裂を例示している。大学は聖職者の価値を引き継いだ。すなわち、一般大学の入学に際しては無選抜である。反対に、グランド・ゼコールは入試によってグランド・ゼコールの権勢の源泉となる人物を

「後期資本主義」の社会状況下での実践的な社会理論の構築をめざした。公共性論やコミュニケーション論の第一人者。邦訳書に『公共性の構造転換』細谷貞雄訳（未來社、一九七三年）、『コミュニケイション的行為の理論』河上倫逸他訳（未來社、一九八五―八七年）、『意識論から言語論へ』森元孝、干川剛史訳（マルジュ社、一九九〇年）など多数。

▼29　ピエール・ブルデュー
(Pierre Bourdieu, 1930–2002)
フランスの社会学者。コレージュ・ド・フランス名誉教授。教育や社会階層間の格差について分析し、経済資本のみならず、教養やハビトゥス（習慣）などの「文化資本」の相続による高学歴エリートの再生産を実証。これを文化的再生産と名づけ、学校が支配階級の特権的文化の世代間継承に果たす役割を解明した。邦訳書に『ディスタンクシオン』石井洋二郎訳（藤原書店、一九九〇年）、

選び出している。これは一般大学が選抜をおこなわないことを意味するのではない。その証左に一般大学の落第率は著しく高く、一般大学は密かにこれを偽善的に達成しなければならない（＊14）。

　こうして、一般大学は卑屈な方法で高等教育の民主化に直面しなければならなかった。二〇世紀を通じて、学生数は七〇倍に増加したが、ポリテクニークの学生数は二倍に増えただけである。つまり、これはエコール・ポリテクニークへの入学が、前世紀よりも三五倍困難になったことを意味する。このマルサス主義的（▼31）な考察により、知識社会でもあるポスト産業社会の最も肯定的な面を、フランスが社会的・人間的に活用する際の困難についての大方の説明ができる。

　フランス・モデルの最も肯定的な定義とは、エリートの社会的出身階層を葬り去ったことである。ENA（国立行政学院）に入学すると、ただちに農民の息子や娘ではなくなる。彼らは他の同級生と同様、行政官や特権階級となる。このモデルの素晴らしさに疑いの余地はない。しかし現在、このモデル自体がマルサス主義的な様相を引き起こしていることから、社会的同類婚〔同じ社会階層に属する者同士の結婚〕とでも言うべき事態によって腐敗している。エリートの子どもたちはグランド・ゼコー

『実践感覚』今村仁司、港道隆訳（みすず書房、一九八八―九〇年）など多数。

▼30　グランド・ゼコール（グランゼコール）（Grandes Ecoles）
フランス独自の高等専門教育機関。全国に約二〇〇校があり、とりわけ歴史ある学校は名門校とされ、エリート養成機関と位置づけられている。

＊14　大学に自治権を認めることについてのフランス人のためらいに、中間集団に対するフランスの一般的な拒否反応が加わっている。Pierre Rosanvallon, *Le modèle politique français*, Paris, Seuil, 2005 を参照。このなかで、アンシャンレジーム（旧体制）の集団を再構築してしまうのではないかというフランス人の懸念表明の一つとして、こうした困難が分析されている。

ルに入学できないのではないかという不安に怯え、国家のエリートたちは、ますます英才教育に励むようになり、ときには幼稚園の時分から先制攻撃を開始している(▼32)。フランス共和国は、本人の出身社会階層がものを言う領土となったことから、唯一で不可分な国家であることを断念してしまった。

◆都市部郊外での暴動——社会統合の困難

二〇〇五年秋、フランスを揺さぶった都市部郊外での暴動(▼33)は、社会的団結を生み出す際にフランスが直面する困難の縮図と言えよう。

まず、郊外に住む若者たちは、病的とも言えるほどの高失業率にさいなまれている。フランスの就労可能な人口の失業率は一〇パーセントであるが、若年層では二〇パーセントとなり、都市部郊外に住む若年層では四〇パーセントに達する。フランスの失業状況は明らかにいびつである。つまり、在職期間の長い者、いわゆる「インサイダー」には社会的保護が手厚く、在職期間のない者、いわゆる「アウトサイダー」には手薄い。こうした点から、フランスはエスピン＝アンデルセンが指摘する

▼31 マルサス主義
イギリスの古典派経済学者トマス・ロバート・マルサス（1766–1834）の主著『人口論』に依拠し、貧困や社会的害悪の要因を、治世者や社会制度の欠陥に求めるのではなく、食糧生産に追いつかない人口の過剰増大にあるとし、とりわけ貧困層の人口抑制を主張する考え方。ここで本書原著者は、その人口急増と食糧不足の〝不均衡〟の図式を、比喩的に用いている。

▼32 「一九五九年から一九六八年に生まれた若年層の間では、教職や自由業に就く親をもつ生徒の約二一％がグランド・ゼコールに入学したが、単純労働者を親にもつ生徒の割合は一％未満にすぎなかった。」（マリー・ドュリュ＝ベラ『フランスの学歴インフラと格差社会——能力主義という幻想』林昌宏訳、明石書店、二〇〇七年、四〇頁）

〈新‐協調組合主義〉の完全な妥協の産物である。

若者たちと大人たちの対立は、この二項対立の例示である。つまり、若者を研修生やCDD（期限付き雇用契約）といった社会的地位にとどめる一方、大人にはCDI（期限なし雇用契約）やこれに付随する特典を与えている。しかしながら、フランスの失業が社会的になんとか許容できる状態にあるのは、「アウトサイダー」が遅かれ早かれ、いつかは「インサイダー」になる資格があるとする単純な考えによる。すなわち、若者全員がいずれ大人になり、彼らもまた現在の大人と同じ社会的地位を手に入れることになると考えるわけである。

しかしながら、この問題の要素はこれだけではない。大人たちが若者たちの面倒を直接見ているという事実も、非常に重要な役割を担っている。すなわち、これはブルーノ・アマーブルが指摘する地中海型資本主義の特徴である。このシステムでは、スカンジナビア型資本主義のように国家が「アウトサイダー」の面倒を見るわけでも、アングロサクソン型資本主義のように労働市場が機能するわけでもない。つまり、多かれ少なかれ〈家族の連帯〉が頼りなのである。

都市部郊外の暴動についても同様である。フランスの失業率が一般的

▼33　パリ郊外暴動事件
二〇〇五年一〇月末、パリ郊外で強盗事件を捜査していた警官に追われた北アフリカ出身の若者が、逃げ込んだ変電所で感電死したことに抗議し、その夜、移民の若者らが警官への投石、車への放火などをおこない、暴動へと発展した。ニコラ・サルコジ内相（当時）が「社会のくず」と発言したことなどが火に油を注ぐ結果となり、暴動はフランス全土の都市部郊外へ拡大、一一月半ばまで続いた。暴動の主な担い手は、高い失業率や差別に不満を鬱積していた移民貧困層の若者たちであった。

な国民の間で許容できるレベルであったとしても、危機に瀕している国民層にとっては壊滅的な状況となる。大都市の郊外の問題について理解されていない核心となるパラドックスとは、都市部郊外に住む若者たちには、他の若者たちを支援している「フランス・モデル」が奪われていることにある。つまり、彼らは家族からの援助・連帯をもたない。そこで「文化的」問題が浮上することになるが、これは一般に指摘されていることとは正反対の様相を呈している。すなわち、〈結束の強い共同体主義自体が社会的疎外の要因である〉とする〈型にはまったイメージ〉に反して、都市部郊外の若年層は、〈共同体の結束が弱いがために社会的に脆弱な存在となっている〉のである。

　では、米国の例を見てみよう。これは、フランスでは受けいれられないとしても参考にはなる。米国では、マイノリティの社会統合は〔マイノリティの〕共同体内の強い連帯によって機能している。一九八〇年、カストロに追い出されたキューバ人たちはマイアミに働き口を求めた（▼34）。その半数以上の人々はキューバ系企業に就職した（一〇年後も同じ企業で働いていたという）。中国人のような共同体〔華僑ネットワーク〕の場合であれば、新たにやって来る者も共同体の信頼を頼りにすることができ

▼34　亡命キューバ人
一九五九年のキューバ革命の成就以来、キューバの旧政府高官、大資本家や地主、中産階級ら高学歴エリート層はカストロの社会主義政権から逃れ、続々と米国へ亡命した。彼らの多くは英語が堪能で、米国政府の保護のもとで米国社会への適応も早く、反カストロのロビー活動を積極的におこなっていたが、八〇年代以降は経済的理由で米国に亡命する者が急増。米国在住の亡命キューバ人の数は一九八〇年で八〇万人、二〇〇〇年では一四〇万人にも達し、その多くがフロリダ州、とりわけマイアミに集中して居住している。だが、八〇年代以降の亡命者は貧困層が中心で、米国社会で地位を築いてきた反カストロ派の富裕層とは異なり、社会的地位は低い。なお、ここで原著者が記している「一九八〇年」に、カストロ政権は同性愛者、精神病者、犯罪者などの一部を国外に追放し、反体制的な出国希望者に出国を許可

る一方、共同体も加入者が増えることで繁栄する。つまり、支援金の返済が次の加入者の貸付原資となる。こうして原始的蓄積がなされ、次世代、第三世代へと財源が引き継がれ、本当の社会統合が可能となる（＊15）。

ではなぜ、共同体によって結束の強さが異なるのであろうか。民族的結束に答えを求めたとしても、同じカトリック教徒でヒスパニック系であるメキシコ人移民とキューバ人移民を比較した場合、メキシコ人移民は失敗している一方で、キューバ人移民は成功している理由を説明しなければならないであろう（▼35）。出身国が危機に瀕しているとき、その移民共同体はうまくいく場合が多い。米国がこの共同体ゲームを無難に進めていることは確かである（＊16）。

共和主義的な能力主義に基づいて機能しているフランス・モデルは、〈強い結束力をもつ共同体が社会統合の要因となる〉という考えに対して拒否反応を示す。フランスでは、両親の教育レベルが低いことが、ただちに子どもにとって克服することのできないハンディキャップになることを、より直接的に強調する論説を好む。この理屈は完全に正しい。また、文化的背景のみの考察に終始して、これを過小評価する論説は核心を欠いているとも言える。しかしながら、これだけでは不十分である。

した。このとき約一二万五千人のキューバ人が米国に流入している。

＊15　この考えは「社会的資本」の概念において表現される考えとつながる。以下を参照のこと。*Le Capital Social*, édité par Antoine Bevort et Michel Lallement, Paris, La Découverte, 2006.

▼35　二〇〇〇年の統計によると、米国在住のヒスパニック系のなかで最大の集団はメキシコ系で六六パーセントを占めるが、キューバ系は四パーセントにすぎない。▼34で前述したように、カストロ政権打倒を掲げ、米国政府の手厚い保護を受けていた高学歴エリートがもともとの主体であった亡命キューバ人集団と、出稼ぎ目的で地続きの米墨国境を越えて入国し、米国社会の底辺層を構成する者が多いメキシコ系のチカーノ集団とを、単純な図式で比較することは困難であろう。

例えば、新興国においても両親の教育レベルは非常に大きなハンディキャップとなっている。しかし、彼らのなかには、しばしば初期の遅れを二世代から三世代かけて取り戻している者たちがいる。大戦直後、シンガポール国民の九〇パーセントは非識字者であったが、現在ではシンガポールはフランスを追い抜き、世界でもトップクラスに位置している。シンガポールの子どもたちは彼らのレベルに見合った教育プログラムを享受している。一方、フランス共和国の学校は国の標準的な規範に従っている。これは都市部郊外で生活する子どもたちにとっては難しすぎる内容である。

フランスは共和国の学校にふさわしく国民全員のなかから国のエリートを選別することで、フランスの学校は全員に開かれているのだと主張したいのである。そこでフランスは、こうした能力主義という競争に参加してくるさまざまな人々の間で広がる社会的不平等について大いに困惑している。フランスがこの社会的不平等と闘う手段に思考をめぐらし、この問題に向き合うことは非常に困難である(＊17)。

＊16　フィリップ・ディリバルヌ(▼24)によると、米国はイギリス的価値観とドイツ的価値観との間の産物であるという。契約の自由だけでなく、共同体と信者団体の役割も必要不可欠であるとする、オルタナティヴな混合型の例証である。

＊17　トーマ・ピケッティーとマチュー・ヴァルデネーは、恵まれない社会階層出身の生徒の成績に対しては、クラスのサイズが大きな影響を及ぼさないとしても、きわめて重要であることを示唆している。クラスのサイズを考慮する戦略には、財政的努力だけでなく、教育強化地区政策の推進から、さらに踏み込んだ政策が要求されるであろう。以下を参照のこと。
L'impact de la taille des classes sur la réussite scolaire dans les écoles, collèges et lycées français, Paris, ministère de l'Éducation nationale, *Les Dossiers*, n° 173, 2006.

◆むすび——新たな社会的妥協と共同体の構築

他の国と同様に、フランスはポスト産業社会が生み出す問題を解決できる新たな社会的妥協をつくり上げなければならない。すなわち、それは地球規模で知識・情報化社会になることであり、競争の領域が地域的であるサービス社会となることである。

新たな社会モデルを構築するという困難は、歴史的背景と新たな期待に適応したものでなければならず、これはポスト産業社会の重要な特徴の一つである。産業社会の時代とは異なり、経済的領域は社会モデルに伝播しない。エスピン＝アンデルセンが提示した類型学は、過去においてはあまり重要ではなかった。というのは、フォーディズムが各国間の違いの大部分を消し去っていたからである。各国が社会的団結をつくり出すために文化的・政治的資産を動員しなければならない時代において、この違いは強烈に再浮上することになる。

フランスは、長年にわたって「近代化」するためにヨーロッパに期待してきた。例えば、過去においては植民地の歴史を清算するため、今日ではグローバリゼーションに対峙するためである。しかし、ヨーロッパがフランスに代わってフランスに適した社会的団結のモデルを考える手助けをすることはできないこと、そして社会モデルの変革についてフランス自身で考察しなければならないことをフランスは悟った。国家・市場・労働組合の特権についてヨーロッパ内で理解しあうという困難こそが、〈社会的にヨーロッパ人となる困難〉を証明している。

ヨーロッパは年月をかけて、戦争から平和への移行が可能であることを証明した。またヨーロッパは、経済統合が文化的多様性を保護したことも証明した。欧州委員会(▼36)のモデルを通じて、ヨーロッパは各国の主権を尊重する超国家的機関の設立という道筋が存在することも示している。しかしながら、ヨーロッパは共通の市民権をつくり上げるためには、単一市場を頼りにするだけでは不十分であることも遅まきながら認識した。そのためには、ヨーロッパ域内で商品を流通させるだけでなく、ヨーロッパ人同士の直接的な出会いをさらに増やす必要がある。

そこで、ヨーロッパ大学を創設するというプロジェクトが大きな意味をもつ。映画「スパニッシュ・アパートメント」(▼37)のように、ヨーロッパ各国の学生が、同じ学校に通うのである。そこで学んだ学生は、知

▼36 欧州委員会(European Commission)
EU(欧州連合)全体の利益を代表する行政執行機関として、政治的に完全に独立して任務を遂行する。EUの国会にあたる「欧州議会」に対して責任を負い、「EU理事会」の決定を実行に移す。

▼37 「スパニッシュ・アパートメント」
セドリック・クラピッシュ監督作品(二〇〇一年、フランス/スペイン)。ヨーロッパ各国からバルセロナにやって来た留学生六人が、一つのアパートで暮らすなかで巻き起こる騒動を描いた青春映画。

識社会のための原動力をヨーロッパに与えるばかりでなく、道徳的・情緒的共同体を構築するための土壌をつくり出すことにもなる。欧州石炭鉄鋼共同体（ECSC）が共通市場を創設し、その後のEUの誕生につながったように、エラスムス・プログラム(▼38)により、ヨーロッパをつくり上げることも可能であるだろう。最初は滑稽であろうとも、こうした紆余曲折を経て、二一世紀のヨーロッパの将来が決定されていくことになるのかもしれない。

▼38　**エラスムス・プログラム**
EU諸国の高等教育機関の学生、教員の交流を促し、これを支援するプログラム。大学や研究活動への補助金支給や交換留学生への奨学金の支給などをおこなうもので、一九八七年に創設された。ちなみに、前述の映画の主人公は、この制度を利用してスペインに留学した。

Conclusion

終章

社会の自由主義化

◆新たな社会問題――社会階層の分離と固定化

工場は社会階層が混在する場所ではなくなった。かつて工場では、労働者、工場監督、技術者、経営者がお互いに顔を合わせていた。確かに、彼らの関係は衝突を引き起こしたが、各自が他者に対する依存度を直接的に推し量っていた。今日では、技術者は研究所にいる。保守管理の仕事はサービス企業に委託され、工業部門の雇用は下請け業者に委託されるか、ロボット化されるか、現地生産である。こうして工場は空っぽの場所となった。つまり、仕事は他の場所に移り、人々は工場で顔を合わせることがなくなった。

これまでの一般的な都市では、同じ建物のなかで金持ち階級が上階層で暮らし、貧しい人たちはその下で暮らしていた。金持ちと貧乏人は、お互いに言葉を交わすわけではないにしても、建物の階段で顔を合わせ、彼らの子どもたちは同じ学校に通っていた。しかし、エレベーターが一般化してからは、建物は金持ちか貧乏人のどちらかが集まる場所と化し、両者が共存する場所ではなくなった。すなわち、金持ちと貧しい人たち

▼1 RER（Réseau express régional）
都市中心部に地下トンネルを新たに建設し、郊外の鉄道路線を都心に直通させた「高速郊外鉄道網」。都心部の短距離輸送は既存の地下鉄（メトロ）に委ね、駅数を減らして高速運転をおこなっている。

は明確に区分された地区で生活するようになり、都市部の街角は、社会階層が混在する場ではなくなってしまったのである。

さらに悪いことに、RER(▼1)の発達により、都市部郊外は洗練された地区の利便性から引き離される傾向にある。過去において労働者の街が都心からこれほどまでに離れたことはなかった。かつて労働者は、徒歩で職場に通勤していた。RERがこの通勤距離を引き伸ばした。将来の人口動態がどのようなものであれ、パリがその北部にあるサールセル(▼2)と連結することはないであろう。都市部郊外の住人は土曜の夜に街に繰り出し、都会のイメージを頭に植えつけて帰宅する。都市問題を担当する大臣が任命されるごとに「問題の多い」都市のリストが作成されるが、これは氷山の一角にすぎず、各社会階層はかつて近隣にいた上流階級が遠ざかっていくのを目の当たりにしている。ジャック・ドンズロ(▼3)は、米国において、金持ちたちが自らのゲットーをつくって身を丸めて生活している非常に閉鎖的な共同体が生まれた過程について言及している。エリック・モーラン(▼4)は、フランスにおける、同じ社会階層に属する者同士の同類婚による社会階層の固定化の進行を詳細に報告している(＊1)。一連の閉じた世界が形成され、問題の多い地区のヴィジョ

▼2　サールセル（Sarcelles）
パリ郊外の街。アルジェリア系移民が多く住む地域。この地区の失業率はフランス平均値の約二倍とされる。

▼3　ジャック・ドンズロ（Jacques Donzelot, 1943–）
フランスの社会学者。専門は都市政策。邦訳書に『家族に介入する社会——近代家族と国家の管理装置』宇波彰訳（新曜社、一九九一年）。

▼4　エリック・モーラン（Éric Maurin）
フランスの経済学者、社会学者。著書『社会的平等は可能だ（*L'Égalité des possibles*）』『フランスのゲットー（*Le ghetto français*）』ほか。

＊1　Jacques Donzelot, *Faire société: la politique de la ville aux États-Unis et en France*, Paris, Seuil, 2003, et Éric Maurin, *Le ghetto français*, Paris, La République des Idées/Seuil, 2005.

ンを通じてのみ、かろうじて社会階層間が相互に交信しあっている。その際の社会的要求とは、〈公共の安全〉に対する要求にすぎない。

◆選択的組み合わせ――社会的同類婚

筆者がすでに過去の著作のなかで使用した用語である〈選択的ペア理論〉により、社会的同類婚に関する傾向を理解することができる(＊2)。シカゴ大学教授でノーベル賞受賞経済学者のゲーリー・ベッカー(▼5)は、結婚についての経済学的な分析をおこなうという、これまでにない斬新な研究において、選択的ペア理論を提示している。この理論は、〈社会が放置された場合〉に展開される力作用を見事に例示している。

ベッカーの理論によると、ある男女が結婚相手を見つけようとする場合、二種類の組み合わせが可能であるという。一番目の組み合わせは、金持ち美男子と金持ち美女の組み合わせである。この最初の組み合わせで、恵まれた者同士が結婚するが、これは他の独身男性たちに激震をもたらす。というのは、恵まれた者同士で結婚する場合、恵まれない者たちは、恵まれない者同士で結婚する以外、選択肢をもたなくなる可能性

＊2 Daniel Cohen, *Richesse du monde, pauvretés des nations*, Paris, Flammarion, 1997.

▼5 ゲーリー・ベッカー
→▼レッスン2-20

が生じるからである。なぜならば、結婚相手として美しく金持ちの独身女性がいなくなるからである。これと同じ論証が社会の隅々にまで行き渡る。こうして各社会階層は、自らの階層よりも低い社会階層に対して閉鎖的となる。

しかしながら、ベッカーによれば、これとは違う展開、すなわち非対称的な組み合わせが想定できるという。醜く貧しい男が、美しく金持ちの女性と結婚することを想像することは論理的に可能である。その理由は、月並みな表現をすれば、彼が優しいからである。ベッカーの論証によれば、結婚とは、資産（時間、愛情、お金）を共有すると同時に、この共有資産の分配のルールを設定することであるという。対称的結婚の場合、分配に関する唯一のルールは等価分配となる。恵まれた者同士が結婚する場合は、譲歩する際でも同様に均等に痛み分けすることになる。

しかし、醜い男は美女に対して、より多くのものを提供できるときちんと説得できる。彼は美男子よりもずっと優しいのである。なぜならば、彼には優しさ以外、与えるものがないからである。醜い男が優しいことを経済学的に表現するのであれば、彼はパートナーに対して有利な分配ルールを許容するということになる（彼のパートナーも同様に優しい場合は除く。この場合、自然な分配となるであろう）。分配のルールは結婚の論理を変質させ、非対称的組み合わせを作り出す。

　この奇妙な論理を、恵まれた者としての技術者と、恵まれない者としての労働者が非対称的な結婚をするといったように、産業社会にも当てはめてみることができる。産業社会では、労働者が優しければ技術者は儲かる。労働者の要求が「強くなりすぎる」と、この非対称の組み合わせは崩壊する。一九六〇年代の転換期とは、これが分離した時期であり、労働者や若者たちの〈熱望〉によってフォーディズムの矛盾が激化した時期である。フォーディズムの工場で成り立っていた非対称の組み合わせである労使関係は、社会的正当性をもたなくなった。

　そこで、これまでの外婚に終止符が打たれ、選択的組み合わせのもう一つの論理が台頭する。下位に属する者は不満をもち、次は不満をもつ彼らが、さらにその下の社会階層に属する者たちへのアクセスを閉じる。こうして金持ちから始まった分離は社会全体にとどろきわたり（＊3）、同類婚が常態化する。この選択的組み合わせの理論により、重要な点が明らかになる。すなわち、人々は〈均質化された社会階層〉から相手を見つけるようになり、愛の要素は減り、自分より貧しい者を拒絶するよう

＊3　フランス社会全体についての地理的、社会的分離に関する研究のなかで、Edmond Préteceille は、都会における分離はとくに最上流階級において顕著であると指摘している。次を参照のこと。*Lieu de résidence et ségrégation sociale*, *Cahiers français*, n° 314, p. 64-70, avril-juin 2003.

▼6　アラン・トゥレーヌ
（Alain Touraine, 1925–）

フランスの社会学者。初期の研究は労働問題を扱った社会調査や産業社会学の分野のものが中心であったが、一九六八年の五月革命（▼レッスン1-23）以降、その知的反省と社会学的展望を踏まえて研究対象を社会紛争一般へと拡大する。産業社会からポスト産業社会への移行期に発生した新しい社会運動として五月革命をとらえ、ポスト産業社会が抱えるさ

になるのである。

◆「社会」と「経済」の分離——理解しあえなくなった「社会」

アラン・トゥレーヌ(▼6)は、政治・経済・社会の間の進展関係をまとめた。彼はその著書のなかで、ヨーロッパ諸国の長い歴史において、〈社会の分離〉という、この新たな時代が占める位置づけを完璧に明らかにしている(＊4)。彼の論証の出発点は、紀元後一〇〇〇年初頭である。一一世紀から一三世紀頃にかけて、政治は次第に宗教を凌駕した。この時代にフランスの王様は、教会の統治から距離をおいた独自の統治領域を定めるために、その手助けとなる法学者を雇い入れた。

政治は、宗教による監督から解放され、次に経済と同盟を結ぶことになる。すなわち、重商主義の到来である。君主は豊かで、家来は貧しくあるべきだと説いたマキャヴェリ(▼7)に対する回答として、重商主義者は両者とも豊かである必要性を説いた。重商主義者は、商人が富むことによって君主の財政も潤うことから、君主と商人には一致した利益があると主張した。

まざまな社会問題、社会紛争を分析し、同時期のダニエル・ベル(▼序章-8)らとは一線を画したポスト産業社会論を展開した。『現代の社会闘争——五月革命の社会学的展望』寿里茂、西川潤訳（日本評論社、一九七〇年）、『脱工業化の社会』寿里茂、西川潤訳（河出書房新社、一九七〇年）、『社会学へのイマージュ——社会システムと階級闘争の理論』梶田孝道訳（新泉社、一九七八年）、『ポスト社会主義』平田清明、清水耕一訳（新泉社、一九八二年）、『声とまなざし——社会運動の社会学』（新泉社、一九八三年）、『断裂社会——第三世界の新しい民衆運動』佐藤幸男訳（新評論、一九八九年）、共著『反原子力運動の社会学』伊藤るり訳、『現代国家と地域闘争』宮島喬訳（ともに新泉社、一九八四年）など邦訳書多数。

＊4　Alain Touraine, *Un nouveau paradigme*, Paris, Fayard, 2005.

次に、経済が政治を凌駕した。つまり、これは一九世紀の自由主義である。国家権力として経済を利用しようとした国家は、経済が国家の監督を凌駕し、経済が自治権を主張するのを目の当たりにした。これこそが一九世紀の「大いなる変革期」であり、古いヨーロッパ諸国が市場経済に移行した時期である。

まずは、ヨーロッパ社会が非宗教化し、直後に民営化が起こった。一九世紀末から二〇世紀にかけての産業社会は、〈経済と社会が同盟を結ぶ〉という新たな段階に導いた。〈経済の自由主義化〉は一九世紀前半に著しい人的被害を生み出した。労働者階層の貧窮は市場経済の基盤を掘り崩し、労働の自己再生産が確保できなくなった。こうした状況・懸念から、G・エスピン＝アンデルセン（▼8）が研究したさまざまな社会的連帯の形式が登場する。しかしながら、社会問題における生産プロセスの中核となるフォーディズムにより、産業社会が開花したのである。

そして産業社会からポスト産業社会へと移行することになる。今度は、〈社会と経済が分離する〉新たな時代に突入したのである。アラン・トゥレーヌは、これを〈社会の死〉と結論づけている。筆者は、このトゥレーヌの解釈とは距離をおくが、その他の部分については完全に同意す

▼7 ニッコロ・マキャヴェリ（Niccolo Machiavelli, 1469–1527）
ルネサンス期フィレンツェの外交官、政治思想家。主著『君主論』において、政治の問題を、正義や道徳を正統性の中心におく伝統的政治観から切り離し、君主がいかに自らの権力を維持、拡大していくかの技術の問題であるとし、政治的リアリズムを主張した。

▼8 イエスタ・エスピン＝アンデルセン→▼レッスン3-14

る。筆者は逆に、社会はこれまでと同様、つねに生きているが、今後は経済の作用とは関係なく自らの力で動くと見ている。社会と経済との〔同盟の〕破局は、しばしば〈経済の自由主義への回帰〉として解釈されている。この解釈には議論の余地はない。しかしながら、「社会の自由主義化」とでもいうべき部分こそが際立っている。これは、一九世紀の〈経済の自由主義化〉に相当する、現代の社会問題である。すなわち、金持ち階層は分離独立し、選択的組み合わせの論理に従って結集している。これが、その下にいる階層に対して同様の行動を促している……。

一九世紀との類似性は部分的に誤りである。労働者が貧窮していた過去において、資本主義は富の源泉について盲目的であった。マルクスはこの点を見据えていた。つまり、資本主義には労働者階層を生産的にする独自の法則が内包されていなかったのである。経済用語によって社会的悲惨さを測ることはなくなった。付加価値の源泉は、肉体労働から研究室へと移行した。インターネットのイメージに似せて、生産活動は抵抗の少ない経路を難なく見つけ出し、これを取り巻くさまざまな障害を迂回する術を心得ている。経済ではなく、〈理解しあえなくなった社会〉が痛みに苦しんでいるのである。社会は同類婚の要因となっているものを茶番にする必要がある。

◆放置された社会——〈貧しい現実世界〉と〈豊かな仮想〉

トゥレーヌの論証は次のように続く。〈放置された社会〉は息苦しくなったことから、社会問題に共同体のアイデンティティを補給しなければならない。都市部郊外の暴動は、その原因をゆがめる〔あるいは隠蔽する〕やり方も含め、フランスだけの特殊な事例ではなく、完全に新たな社会問題の象徴である。共同体主義が至るところで盛り上がっているが、共同体主義者の説明とは逆に、共同体主義は社会的分離に対する〈回答〉であり、社会的分離の〈原因〉ではない。

なんとか振り出しに戻ることも可能であるかもしれない。例えば、「宗教」が社会と新たな同盟をつくり上げているところである。見放された都市部郊外では、宗教が社会の孤独に対する解決策となっている。優雅な地区では、ぜいたくという信仰が、しばしばこの役割を演じている。

A・トゥレーヌが示した歴史観と類似するが、問題の争点は、紀元後一〇〇〇年初頭頃と同様に、「非宗教」機関を新設・再創設することにある。つまり、社会的・文化的関係によって侵蝕されていない機関を創り出すことである。労働組合や大学の役割を再考し、世界政府について考えてみる一方で、地方都市や地方の共同体について考えてみることも、専制国家の伝統的機能（警察、司法、軍隊）を永続させることと同じくらいに重要である。こうした各機関に求められる役割は同じである。人々が価値ある未来への期待を抱いて生活を送ることができるように、人々と国家の役に立つ社会的インフラを構築することである。こうした社会的インフラこそが、〈あまりにも貧しい現実世界〉が〈あまりにも豊かな仮想〉と混ざり合った世界から、人々や国家を救い出すであろう。

訳者あとがき

本書は、Daniel Cohen, *Trois leçons sur la société post-industrielle*, Paris, Seuil, 2006（原題『ポスト産業社会についての3つのレッスン』二〇〇六年九月刊）の全訳である。

著者のダニエル・コーエンは一九五三年生まれ。フランスのエリート校であるパリ高等師範学校（エコール・ノルマル・シュペリウール）の経済学部教授、数理経済計画予測研究センター（CEPREMAP）の所長である。また「ル・モンド」紙の社外論説委員を務め、定期的に社説を書いている。政治面では、フランス左派の知恵袋としても精力的に活躍している。現在、フランスで最も信頼されている経済学者の一人であり、コーエンの問題提起や深い洞察には定評がある。

本書は、資本主義社会の推移、とりわけ二〇世紀を特徴づけた産業社会（▼序章-4）の誕生とその推移、そして一九六〇年代後半以降に先進資本主義国で顕著となってきたポスト産業社会（脱工業化社会）（▼序章-6）の成り立ちとその後の変容について、社会学や歴史叙述の方法論なども援用しながら、一般向けに書き下ろされたものである。とくに、情報技術革命、金融革命、労働組織の変革、そして社会格差の拡大やグローバリゼーションといった、ポスト産業社会において生じたさまざまな〝急変〟について、これらの背後にある経済・社会理論を平易な言葉で解説し、われわれが生きる現在のポスト産業社会の特質を明らかにすると同時に、オルタナティヴな社会の未来像を提示しようと試みている。ヨーロッパの社会思想史の源流から辿る独特の叙述と分析は、日本の読者にとってきわめて新鮮で、多くの示唆が与えられる内容であろう。

フランスでベストセラーとなった本書は、さまざまなところで参考文献として引用されている。例えば、イエスタ・エスピン＝アンデルセンは、本書の記述形式を借用した『福祉国家についての3つのレッスン（*Trois leçons sur l'État-providence*）』（邦題『アンデルセン、福祉を語る——女性・子ども・高齢者』林昌宏訳、NTT出版、二〇〇八年、原書二〇〇八年二月刊）において、現在の福祉国家の危機を論じるにあたり、本書の概念基盤を前提として福祉制度の比較論を展開している（▼レッスン3－14）。

一九世紀の産業革命によって賃金労働者が登場したが、現在の福祉制度（とくに大陸ヨーロッパ型レジーム）は、家族・地域・農業社会の連帯を喪失した彼らを保護するために制度設計された。よって、産業社会向けの福祉制度は、コーエンの指摘するポスト産業社会では機能しなくなったという。さらに、ポスト産業社会の帰結の一つである同類婚（社会階層が似通った者同士が結婚する）の急増によって、学歴の高い者同士（すなわち、ポスト産業社会においては、稼ぎが多い者同士）が世帯をつくるようになった。所得格差については、所得再分配政策や福祉の普遍化政策などで、ある程度是正できるが、二極化した世帯ごとの文化資本については、その限りではない。つまり、最も〝民営化〟されている家庭のなかまでは、政策的になかなか入り込めないというわけだ。しかし、この文化資本こそ、知識社会ともいわれるポスト産業社会では付加価値が眠る部分である。そこでアンデルセンは、労働者を救済する発想に基づいた「修復型」の福祉制度ではなく、コーエンの描くポスト産業社会に適応できる人材を乳幼児の段階から育てる「投資型」の福祉制度に変革するための道筋を提示している。これまでは生産体制と福祉制度が組み合わさって社会全体が機能してきたが、ポスト産業社会では、世帯ごとの経済格差が文化格差となり、その文化格差がさらなる経済格差を生み出していく。アンデルセンは、ポスト産業社会に適した福祉制度改革の方向性を示唆している。

ところで、日本とフランスの心理的共通点とは、新自由主義路線を断行して政府部門を縮小させると同時に市場を押し広げ、産業活動だけでなく、教育・医療・農業・文化までも市場経済に取り込んで経済成長を加速させた米国型システム（とりわけ九〇年代後半に空前の好況をもたらした「ニュー・エコノミー」）（▼序章－9）に対する複雑な心境ではなかっただろうか。米国のダイナミズムに対する羨望があった一方で、その暴走に対する警戒心は両国に共通していた。「儲けた者が勝ち」という市場万能主義が何となく説得力をもつ一方で、日本とフランスには、文化的・歴史的背景から米国型新自由主義のドグマに対して諸手を上げて賛同できない知的抵抗力があったように思う。

歴史を振り返れば、フォーディズム(▼レッスン1－9)における大量生産・大量消費型の産業社会で君臨した米国は、ベトナム戦争以降に低迷したが、前述の経済イデオロギーに基づき、情報工学や金融工学をテコとして経済を再生させた。これはサービス業の個別化をはじめとする戦略によって、弱者を切り捨てながらも、ポスト産業社会に適した改革を実践した成果であった。この点で、米国は先見の明があったといえる。しかしながら、一方では自分たちの儲けだけを考えるエゴイスティックな米金融界は、世界中に紙切れ証券を売りまくったあげく、二〇〇七年の「サブプライム・ショック」をきっかけについに破綻をきたした。金融危機のニュースが世界中を不安と混乱に陥れるなか、他方では米国の外交面・軍事面での衰えも明らかになっている。そこで現在、米国も含め、周辺国家である日本とフランスは、非米国型のオルタナティヴな社会制度を模索しなければならない状況であるが、依然として個人の経済合理性を金科玉条とする、社会全体を考慮しない改革案が幅を利かせている。

サービスの多様化という殺し文句により、経済を動かす連中は、国家機能を骨抜きにし、社会的インフラにタダ乗りしながら、自分たちが活躍できる市場を押し広げている。儲けるだけ儲けておいて、破綻したら社会的に救済されるということの繰り返しでは、納税意識にもマイナスである。あるいは、ポスト産業社会では国家意識自体が古臭いものになり、社会共同体という意識は新たな形式で登場することになるのであろうか。コーエンが指摘するように、われわれの指導者は、テレビに登場するスーパースターの豪華な生活、オリンピックやワールドカップなどのヴァーチャルな世界に浸らせることにより、われわれの感覚を麻痺させながら共同体意識を保とうと腐心することになるのであろうか。

フランスでは、本書のコーエンの提言を引用して、地球温暖化問題や天然資源管理など、地球規模の問題に対処するにあたり、〝正義〟の国際レジームをつくろうと主張する識者がいる一方で、多極化する世界では、いくつかの市場民主主義が拡大しながら、いずれ民主主義なき市場という超帝国が出現するであろうと予測する向きもある。国家間の敵対関係にまで至った経験をもつヨーロッパの識者の発するメッセージとして、本書を読むこともできるであろう。また、日本で現在、さかんに論じられている社会格差拡大の問題についても、本書の3つのレッスンを通してポスト産業社会の特徴を理解することにより、多面的着眼点が得られるだろう。

最後に、本書の編集と校正、そして訳註の作成にご尽力いただいた新泉社編集部の安喜健人氏に心より感謝申し上げる。

二〇〇九年二月一〇日

林　昌宏

【著　者】
ダニエル・コーエン（Daniel Cohen）
1953年生まれ.
パリ高等師範学校（エコール・ノルマル・シュペリウール）経済学部教授.
数理経済計画予測研究センター（CEPREMAP）所長,「ル・モンド」社外論説委員を務める.
著書： *Monnaie, Richesse et Dette des Nations*, Editions du CNRS, 1987.
Private Lending to Sovereign States, MIT Press, 1991.
Misfortunes of Prosperity, MIT press and Julliard, 1994.
Wealth of the World, Poverty of Nations, MIT Press and Flammarion, 1997.
Our Modern Times, MIT Press and Flammarion, 2002.
Globalization and its ennemies, Grasset, 2004.

【訳　者】
林　昌宏（Masahiro Hayashi）
1965年愛知県生まれ．翻訳家.
立命館大学経済学部経済学科卒業.
訳書：『コーヒー，カカオ，コメ，綿花，コショウの暗黒物語』（ジャン＝ピエール・ボリス，作品社），『世界を壊す金融資本主義』（ジャン・ペイルルヴァッド，NTT出版），『世界エネルギー市場』（ジャン＝マリー・シュヴァリエ，作品社），『環境問題の本質』（クロード・アレグレ，NTT出版），『移民の時代』（フランソワ・エラン，明石書店），『21世紀の歴史』（ジャック・アタリ，作品社），『アンデルセン，福祉を語る』（イエスタ・エスピン＝アンデルセン，NTT出版）など.

社会思想選書
迷走する資本主義――ポスト産業社会についての3つのレッスン

2009年4月15日　初版第1刷発行

著　者＝ダニエル・コーエン
訳　者＝林　昌宏
発行所＝株式会社 新 泉 社
東京都文京区本郷2−5−12
振替・00170-4-160936番　TEL 03(3815)1662　FAX 03(3815)1422
印刷・萩原印刷　製本・榎本製本

ISBN978-4-7877-0818-2　C1030

マルクスと哲学

——方法としてのマルクス再読

田畑 稔［著］

Ａ５判上製・552 頁・定価 4500 円＋税

〈もう一度〉マルクスを読む試み.
21世紀の現実への，思想の通路をラディカルに再敷設するために——．19世紀のマルクスに徹底内在し，哲学に対するマルクスの関係を系統立てて読み解くなかで，「マルクス主義哲学」の鎧を取り除き，彼の思想が持つ現代的意味と未来へとつなぐ途を考察する．マルクス像の根本的変革を唱え，各方面から高く評価された前著『マルクスとアソシエーション』（新泉社，1994年）に続く，著者渾身の原典再読作業．

〔目次より〕
第１章［哲学］哲学に対するマルクスの関係／第２章［意識］マルクス意識論の端初規定／第３章［構想力］解放論的構想力と実在的可能性／第４章［唯物論］「哲学の〈外への〉転回」の途上で／第５章［移行１］唯物論へのマルクスの移行／第６章［移行２］パリ期マルクスと仏英の唯物論的共産主義／第７章［批判］マルクスと「批判的唯物論的社会主義」／第８章［物件化］唯物論批判の論理と「物件化」／第９章［国家］マルクス国家論の端初規定／補論１［エンゲルス］エンゲルスによる「哲学の根本問題」導入の経緯／補論２［国家哲学］東ドイツ哲学の歴史的検証／カール・マルクス略年譜／人名解説・索引

マルクスのアクチュアリティ

——マルクスを再読する意味

植村邦彦［著］

四六判上製・272 頁・定価 2500 円＋税

21 世紀のマルクス論——．
「21 世紀のマルクス」は，権威として祭り上げられた「20 世紀のマルクス」ではなく，「19 世紀のマルクス」でなければならない．先の見通せない時代の中で，未完成の作業に従事し，悪戦苦闘を続けていたマルクスの歴史的，思想的コンテクストを多角的に検証するなかから，21 世紀におけるマルクス再読の意味を考察．マルクス研究の“現在”の地平についてアクチュアルに考える．

〔目次より〕
第１章　21 世紀にマルクスを再読する意味／第２章　「世界を変革すること」と「解釈すること」／第３章　歴史のアクチュアリティについて／第４章　社会の建築術——「土台と上部構造」という隠喩の系譜／第５章　重層的決定と偶然性——あるいはアルチュセールの孤独／第６章　新しい「帝国」概念の有効性——ハートとネグリの『帝国』をめぐって／第７章　ドイツ初期社会主義と経済学／第８章　マルクスとエンゲルスの経済学批判／第９章　自由時間とアソシアシオンの経済思想／第10章　20 世紀のマルクス論／第11章　世紀転換期のマルクス研究——1998年から2003年まで／第 12 章　唯物論と自然主義をめぐって—— 2004 年のマルクス／ 2006 年のマルクス

ラス・カサスへの道
――500年後の〈新世界〉を歩く

上野清士［著］

A 5 変判上製・384 頁・定価 2600 円＋税

池澤夏樹氏推薦「ラテンアメリカを広く歩く」.
クリストバル・コロン（クリストファー・コロンブス）による〈新世界〉発見直後の 16 世紀．大量に入植してくるヨーロッパ人植民者によって繰り広げられたおびただしい先住民虐殺を糾弾し，彼らの生命と尊厳を守る闘いに半生を捧げたカトリック司教ラス・カサス．カリブ中南米各地にその足跡をくまなく訪ね歩き，歴史と文化を紀行しながらラテンアメリカの過去と現在を照射するノンフィクション．

〔主な内容〕
［スペイン］アトチャ修道院にて／グァダルキビール川の畔で［ドミニカ共和国］一攫千金を夢みて／ささやかな貧困の話／先駆者モンテシーノス，怒りの説教［イタリア］ヴァチカンの回廊にて［キューバ］「回心」のとき／チェ・ゲバラとラス・カサス／砂糖で栄えた町で［ベネズエラ］「平和的植民計画」の挫折［パナマ］消えた繁栄／虚構の繁栄　［ペルー］フンボルト寒流と日本人［ニカラグア］湖の国で　［エル・サルバドル］「救世主」の国のラス・カサス［グアテマラ］1センタボのラス・カサス／蝋と火酒で燻された聖堂で［ホンジュラス］遠浅の白い浜［メキシコ］メキシコ・シティのラス・カサス像／サパティスタと二人の司教／最後の航海へ

小倉英敬 著

侵略のアメリカ合州国史
――〈帝国〉の内と外

四六判上製・288 頁・定価 2300 円＋税

ヨーロッパ人のアメリカ到達以来の500余年は，その内側と外側で非ヨーロッパ社会を排除し続けた征服の歴史であった．気鋭のラテンアメリカ研究者が，先住民の浄化に始まる侵略の拡大プロセスを丹念に見つめ，世界をグローバルに支配する〈帝国〉と化した米国の行方を考える．

ルイス・マンフォード 著
関 裕三郎 訳

新版 ユートピアの系譜
――理想の都市とは何か

四六判上製・324 頁・定価 3200 円＋税

混沌として希望の持てない時代にこそ，人類は“理想の世界”を思い描き，実現しようとしてきた．プラトンの『国家』から説き起こし，近代にいたるまでの代表的なユートピア論，ユートピア文学を克明に分析し，現実を再建するための“理想”とは何かを考える古典的労作．

入澤美時，森 繁哉 著

東北からの思考
――地域の再生，日本の再生，そして新たなる協働へ

四六判上製・392 頁・定価 2500 円＋税

都市と地方の格差，農村の疲弊，郊外化，商店街の衰退，まちおこし…….山形県最上地方に生きる舞踊家とともに，最上8市町村の隅々をめぐりながら，地域社会と日本社会が抱える問題を見つめ，その処方箋を考える〈最上横断対談〉．
中沢新一氏推薦

クルディスタンを訪ねて

――トルコに暮らす国なき民

松浦範子［文・写真］

Ａ５変判上製・312 頁・定価 2300 円十税

大石芳野氏推薦「彼女の視点の確かさと素直さに引き込まれながら，クルド人の切なさを考える」――．トルコ，シリア，イラン，イラクのクルディスタン各地を訪ね続ける写真家が，トルコに暮らすクルド人たちの抱える苦難の現実と，人々が生きる生活の素顔を，等身大の文章と写真で丹念に綴った第一級のルポルタージュ作品．2003 年「今年の３冊」に池澤夏樹氏，鎌田慧氏，川本三郎氏が推薦，各紙誌にて書評多数掲載．全国学校図書館協議会選定図書

〔目次より〕

プロローグ　はじめてのクルド人のまち―ドウバヤズット／Ⅰ　行き着いたまち―メルシン／ネブロスの炎―ディヤルバクル／摘まれ続けてきた芽―アンカラ／引き寄せられた場所―非常事態令下のまち／「最悪」と呼ばれるまちを離れて―メルシン／Ⅱ　クルド人であること，トルコ国民であること―イスタンブール／素顔のクルディスタン―ドウバヤズット／はた迷惑な訪問者―軍の検問／Ⅲ　国境線の向こうへ―ハッサケ／水に沈む遺跡と生き残った村―バトマン周辺／アレヴィー教徒のまち―トゥンジェリ，ピュトゥルゲ／何が正しくて何が間違いなのか―ハッカリ／Ⅳ　みちのり―バスの車中／皆既日食―ジズレ／愛しい人々―シュルナック／罪悪感と試練

クルド人のまち

――イランに暮らす国なき民

松浦範子［文・写真］

Ａ５変判上製・288 頁・定価 2300 円十税

山岳地帯の奥深く，急斜面にへばりついているかのような小さな村々．ラバや自分の背に荷物を積み，山を越える運び屋たちの列．水瓶を肩に乗せ，村へと急ぐ女たち――．クルド人映画監督バフマン・ゴバディの作品の舞台としても知られているイランのなかのクルディスタン．歴史に翻弄され続けた彼の地を繰り返し訪ねる写真家が，痛ましい現実のなかでも矜持をもって日々を大切に生きる人々の姿を，美しい文章と写真で丹念に描き出す．

〔「あとがき」より〕

ガタガタと軋む車で長い道のりを辿り，時間をかけてようやく行き着くことのできたクルド人のまち．彼の地に一歩足を踏み入れれば，いつだって人々の心意気をまざまざと見せつけられ，彼らの笑顔や逞しさやユーモア，暮らしの情景，また複雑な事情などもひっくるめた何もかもに，鼓舞させられてしまう．そうして，胸の奥に溜まっていった記憶の断片は，再び私をさらなる旅へと誘い出す．クルド人のまちを訪ねる旅は，どうやらまだまだやめられそうにない．